スポーツ学の冒険

スポーツを読み解く「知」とは

船井廣則・松本芳明・三井悦子・竹谷和之 編著

黎明書房

稲垣正浩先生の古希に
感謝をこめて

まえがき

196cmのからだが圧倒的な加速を見せ，勝利を確信した後はおどけるようなしぐさで100mのゴールを駆け抜けた。記録は，研究者の間で限界とされている9秒6台に達する9秒69。ウサイン・ボルト，元々200m専門の選手だったジャマイカの21歳のスプリンターが，スピード強化練習の一環として取り組んだ100mで1年もたたないうちに北京オリンピックという大舞台であっさりと大記録を達成してしまった。長身には不利という短距離界の常識を打ち砕き，最新の科学研究に基づくトレーニングを凌駕し，人間の未知の可能性を予見させた偉業である。

「世界最速の人間」を競う陸上100mの世界では，これまで100分の1秒単位で記録が短縮されてきている。そして，100分の1秒の短縮のために最先端の科学技術の成果を投入したトレーニングによってアスリートの肉体は極限まで鍛え上げられてきた。科学技術によって造り上げられるアスリートの身体，それは時にはドーピングという手段によって限界を突破しようとまでされている。こうした科学技術の発展とそれによって開発される「素材（モノ)」としての身体という構図が，長年スポーツを科学的に研究しようとする現場で主要な位置を占めてきた。

体育・スポーツに関する研究領域を統括する上位概念として「スポーツ科学」という名称が使われ出したのはそう古いことではない。当初は，人文科学，社会科学，自然科学のすべてをカバーする総合的概念として用いられた。しかし，社会のあらゆる領域に見られる「科学偏重主義」に相応して，またオリンピックを頂点とした競技スポーツが世界的にメジャーな存在になるにつれて，スポーツ科学もその競技力向上に直接役立つ研究成果を提供する，実験系の自然科学に大きな比重がかかるようになっていった。それに反比例するかのように，科学的実証性という点で説得力に乏しい人文・社会科学系の研究は次第にその影が薄くなっていき，現在では「スポーツ科学」と言えばあたかも実験系の自然科学的研究のみを指すと考えられるようになってしまった呈がある。

スポーツは本来，生命ある人間が自分の属する共同体の生活を形作る独特な世界観と関連させて造り上げてきた豊饒な内容を持っている。そうしたスポーツ文化の多様な文化性の多くが軽視され，科学的理論により因果的に解明可能なものを扱う分野のみがクローズアップされたスポーツ科学の現状は，大きな問題を孕んでいる。その背景には身体を「モノ」とみなしてきた近代的身体観があることは言うまでもない。

本書のタイトルとなっている「スポーツ学」は，そうした自然科学寄りの研究領域に限定されてきている「スポーツ科学」を超克する，理性も霊性も含めたトータルな人間存在を基盤としたスポーツに関する総合的な学問の名称として提起されたものである。それは，実験系の科学から生み出される科学的知だけでなく，スポーツ現場の活動を通して培われた経験知と宗教学・哲学・歴史学・社会学・民俗学などの文系的知をも含めて，スポーツを総合的に捉えようとするものである。こうした「スポーツ学」の構想は，スポーツ史研究者の稲垣正浩氏と藤井英嘉氏によってなされたものであるが，まだその全体像が確定されているものでもないし，一般的に認知されたものでもない。しかし，21世紀の新たな時代における新たなスポーツ文化研究の方向性を示す灯台の光軸，あるいは極北を指す羅針盤の針となる大きな可能性を持つものであると言えよう。

本書は，そうした「スポーツ学」の構想に大いに啓発された自称「若手・中堅」のスポーツ史・スポーツ人類学の研究者が，従来のオーソドックスな研究方法にとらわれることなく各自の関心テーマに取り組んだ18編の論考によって構成されている。本書のタイトルを『スポーツ学の冒険』としたのは，この「光軸」を頼りに港を出て，新たな海域を羅針盤に導かれて航海する帆船のクルーに18名の執筆者をなぞらえたからである。未知の海域に出て行こうとする試みに，多くの読者から忌憚のないご叱正，ご批判をいただければ幸いである。

2009年 3 月吉日

編者一同

もくじ

第3部　歴史に立ち合う

第1部
身体に立ち合う

1 〈移動〉の身体

―モンゴル相撲の「７月の身体」―

はじめに――10日間の力士

日々の鍛錬を積み重ねて得た勝利……スポーツする上でこれほど得がたい体験はなく，こうした不断の努力こそが何よりも賞賛されるべきことかもしれない。１日も欠かさず内容の充実したトレーニングを積み重ねることは，スポーツ選手なら誰もが目標に掲げることかもしれない。

「かもしれない」と断定を避けたのは，スポーツの世界において常識だとされる観念を自分の中で納得する，その一歩手前で立ち止まってもう一度「本当にそれは常識なのか。常識ならばそれは何を前提としているのか」を考えたい……筆者自身がそういう衝動を抑えられないからだ。

現在のモンゴル相撲[1)]も，１年を通じて継続的な稽古が欠かせないものとなりつつある。しかし実は，これはごく最近の風潮であるのだ。そもそもモンゴルにおける相撲は，牧畜作業の合間に楽しむ大人の遊び。稽古をするといえば，１年一度のナーダム祭[2)]の直前に行われる程度であった。力士にもよるが，それはたかだか10日前後の期間である。それが最近になって，日々のトレーニングが不可欠なものとなっている。

社会主義国から民主化し急変する現在のモンゴル国にあって，ナーダム祭も大きくその余波を受ける。しかしそれは今に始まったことではない。ナーダム祭は長い歴史の中で時代ごとの政治の介入を受け入れてきた素地があるのだ。それは「男の三種の競技」と呼ばれることからもわかるように，様々な意味で「力」そのものであった。常にナーダムは時の支配者を創出し，時に力と直結して，それぞれの時代の役回りを担ってきたといえる。

ではナーダムの現在はどうであろうか。1990年代以降，社会主義が崩壊し国家が市場経済化すれば，当然のことながらその影響を受けることになるのはさほど驚くことではない。スポンサー企業の参入，観光化，シンボルとしてのチンギス・ハーンの復活，少数派集団が抱く自民族意識の高まり，相撲の時間性の導入[3]など数え上げればきりがない。

しかし，である。その多様な民主化以降の変動の中で，筆者は本論で相撲の「稽古のあり様」が変わったことに注目したい。これは単に民族スポーツの近代化，プロ化の結果として片付けられるものではない。その上，稽古は相撲文化の末節の付随要素ではなく，身体が相撲を帯びる道筋だ。だからこそ相撲そのものではなくその「稽古」にあえて注目したい。そこには人が「力士の身体」として生きるもしくは出会うその接触の本質が見えるのだ。

では，ナーダム直前にだけ稽古をする身体とは何なのか？

１　７月の身体

モンゴル国民においてナーダム祭とは１年一度待ち望む大きな関心事である。相撲，競馬，弓射の三種の競技を行うこの祭りは，モンゴル各地で７月に行われるのであるが，最も大きなナーダム祭は首都ウランバートルで７月11，12日に行われる国家ナーダムである。相撲に出場する力士のその国家規模のナーダム祭に対する思い入れは相当なものである。なぜならば，そのナーダム祭の勝敗によって称号が与えられる唯一の機会だからである。毎年512人の力士がナーダム祭に出場するが，その勝敗に応じてアブラガ（巨人という意味）などの称号を得，国の英雄となるのだ。

その１年一度の機会で成功を収めるために，相撲の身体技法はどのように伝承されているのか？——そうした疑問を解き明かすため，かつて力士へのインタビューを試みた筆者は，意外にも７月に入ってからしか稽古をしない彼らの姿を目にすることとなる。当時[4]国でも５本指に入る実力派力士で，アルスラン（獅子）[5]の称号をもつ老練力士は，７月になるとウランバートルを流れるトール川のほとりを稽古場に選ぶ。そこは心地よい風が吹く格好の場所なのである。彼は農業大学の教員をしているので，その教え子などの若い力士10人ほどに技の間合いや身のこなしなどを，実践を交えながら指導する。それとともに彼自身も「デウェー（羽ばたきの意味）」と呼ばれる鳥が羽ばたく所作を行い，力士としての身体を研ぎ澄ませていく。デウェーの所作は，相撲の取り組み前と勝利後に行う所作であり，自然[6]から力を受けると同時に自分の力を周囲に披露するのだと彼は説明する。彼はこうして力士としての力を身体に刻印しているのだ。

また，ナチン（鷹）の称号をもつある力士は，10日前から仲間同士でウランバートルから少し離れた草原の風通しのよい場所で合宿をする。しかし我々が想像するような試合直前合宿とは趣が異なる。合宿ではどのような稽古をするのかと問う筆者に「午前中にはサッカーやバスケットボールなどをして楽しみながら体を動かし，昼からは相撲をとったりもするし，小高い山を歩いたりもする」と述べる彼らからは，１年一度の機会を目前にした緊張感は感じられない。それよりも普段コンクリートで地面がみえないウランバートルの都会に住む彼らが，草原で体を開放することこそが肝要であるのではないかと感じさせられる。

ここで確認のためにいっておこう。モンゴル相撲の世界で称号をもつ力士は，我々の想像以上に国民の注目を集め，大きな期待を背負った現代の英雄である。このように嘱望された彼らですら，その期待に応えるべく専門的なトレーニングを行っているわけではない。彼らにおいてでさえナーダム祭前の１，２週間の稽古で「力士」の身体を呼び覚ます。

こうした短期間の稽古の様式は実は相撲に限ったことではなく，他のナーダム競技も同じようなトレーニング方法をとる。弓射競技においても常に技を練磨することなく夏が近づくと稽古を開始するという。また，競馬に出場させるウマにおいても，競馬本番の10日程前までは他の家畜とともに放牧しておくのが通常である。放牧されているウマはいわば「再野生化」しており，長距離の競走をするどころか人を寄せ付けもしない。競馬に出場するウマといえども１年の大半をそうした他の家畜とともに過ごす。駿馬となるためにはそれが不可欠なことであると考えられているのだ。その荒々しいウマをナーダム祭が近づくと捕まえ住居の前に繋ぐことから調教は始まる。10日という短期間に，人を寄せ付けもしなかったウマを30kmもの長距離を全力疾走できるウマへと調教していく。彼らはウマを恒常的に人の支配下に置き競走馬として成長させていくという概念をもたない。７月のナーダム祭の期間だけ，自然界から人間界へと移動させることによって「競走馬」の役割を与える。

こうしてみてみると，モンゴルのナーダム祭において継続的に競技に備えた身体を保持する観念がないことがわかる。7月のナーダム祭の期間限定で「力士」の身体へとなる。こうした1年の暦に位置づけられた身体を，ここでは「7月の身体」と呼ぼう。

では「7月の身体」は現在，どのような変化をみせているのであろうか？

2　定住する身体

「7月の身体」のあり様が，今，転換期にあることは前に述べた。そこにはどのような社会的背景があるのだろうか。

1990年代以降，モンゴル国は大きく動く。市場経済が導入され国家自体が急速な変化をみせるにともない経済が低迷。さらに悪いことにゾドと呼ばれる雪害，ガンと呼ばれる干害が相次いだ。その相次ぐ天災によって牧畜業は大きな打撃を受けたが，国家の経済再建策は日本の4倍の面積に相当する広大な土地に住む地方の人々にまで行き渡らなかった。その結果，地方の遊牧民の多くが牧畜業に見切りをつけ，都市に流入することとなる。10年前には約60万人であった首都ウランバートルの人口が，現在100万人にせまる勢いであることからも地方から都市への流入が止まらないことがわかる。モンゴル国民の人口が約270万人であるから，3分の1以上の人間が首都に集まってきているという結果である。首都周辺の中央部をあわせると，約半数の国民が首都周辺に移住しており，その大半が定住しているという報告もある。モンゴル国の定住化，都市化の大きな流れの中で，人々が生活の糧を得る手段として目を向けたのが「力士」という選択である。

そもそもモンゴルでは力士は稼業の概念になかった。ほとんどの力士が牧畜を生業とし，残りも軍人や役人など他の職をもっていた。にもかかわらず，都市に出てきた若者が生きる糧を力士に求めることができるようになったのは，近年の力士の待遇が一新したからである。相撲協会が'98年から相撲大会に賞金制度を導入したのだ。これまで優勝者には絨毯，テレビ，家畜などが贈られていた。しかし現在では一般市民の数ヶ月分の給料（50～100万トゥグリク）にあたる金額の賞金を出すようになったという。しかも，これまでナーダム祭と旧正月（ツァガーン・サル）のお祝いの時くらいしか大きな試合がなかったのが，毎週末に賞金試合が行われるようにもなった。

また市場経済導入後，雨後の筍のごとくに現れた企業が力士のスポンサーに名乗りをあげた。'97年には「ブフ（相撲もしくは力士の意味)・リーグ」が開催されるようになり，100を超えるといわれる企業が，ブフ・クラブを設置し多くの力士をかかえている。そうなると，相撲は生活の糧となる。これまでいわゆるプロの力士は存在しなかったのが，「力士」という職業が成り立つようになったのだ。

結果，相撲の大会に参加する力士はこの20年ほどで20～30倍に増えたのだという。それら並み居るライバル力士に勝利しないことには生活が成り立たない。そこで専門的な稽古が欠かせないものとなったのである。稽古を積み重ねたものが勝利する。これまで自然に愛でられ，自らの能力をすべて出したものが勝利すると考えられていたが，そこに新たに「自己の鍛錬」の要素が加わることになった。結果は明確な数字になって表れ，それが生活に跳ね返る。力士としての継続的な鍛錬が生活を支えるようになったのだ。

現代のモンゴルにおいて，急激な都市化が大きな問題になっている。社会主義時代はかろうじて地方の生活が成り立っていたが，民主化以降ネグデルと呼ばれる遊牧民の組織も解体され，新たなシステムも整えられることなく遊牧民の組織が不完全な形でそのまま民営化に移行された。ネグデルによってかろうじて国の中央と結びついていた地方は，機能不十分の民営化によりそれさえもままならず，草原と都市は分断され，人々が草原で暮らしてはいけない追い詰められた状況に陥ったのかもしれない。その結果，遊牧民はウランバートルに流れるしかなく，生活の基盤が根底から一変した。それが市場経済導入と相まって力士のプロ化が出現した背景であろう。

そこで草原の民の身体が常に「力士」として存在するようになる。それは草原の民が生活の舞台を都市に定住させたというだけでない。これまで7月に限った身体であったものが「力士の身体」に「定住」した，そう筆者にはみえる。モンゴル国の民主化と相撲の取り組みの賞金化は，身体そのものの定住化を招いたのである。しかし何もここでアマチュアリズムを論じようというのではないし，生活のためにプロ化に移行する人々を排除しようというのでもない。定住を常識としてきた我々が理解しづらい，「身体の定住化」がどのような意味をもつのかそれを考えたいのだ。遊牧民の身体が「力士」に定住すること――それにはどういう意味があるのか？

3　遊牧の〈移動〉の論理

モンゴル国は冬にはマイナス30度を下回ることも珍しくない土地柄である上に，年間降水量が400mm 以下という非常に乾燥した気候をもつ。そうした厳しい自然には遊牧生活が非常に理にかなったものであることは一般によく知られている。この厳しい自然というのっぴきならない形で与えられた〈世界〉を受け入れるには，時に冬の寒さを避け，時に水と良質の草を求めて家畜とともに暮らしの場を〈移動〉することこそが自然に適応する唯一の知恵であったのだ。

遊牧というと手当たりしだい土地を流浪すると思われがちであるが，そうではない。だいたいが季節ごとに宿営地を移すというのが通常である。モンゴルの春は天候が最も不安定な時期で，しかも家畜が子どもを産む牧畜作業の最も忙しい時期でもある。そこで春には子畜を寒気から守る場所に宿営地を設け，家畜の出産作業，子畜の去勢作業をそこでこなす。夏は，川のほとりや丘の上などの風通しのよい場所が選ばれ，短いがしかし快適な季節を過ごすのに適した宿営地に〈移動〉する。そこで搾乳作業と剪毛作業を行うのである。とくに春に子畜を産んだ家畜からは豊富な乳がとれ，それを多種多様な乳製品に加工する。夏の宿営地は夏の「白い食べ物」の収穫の喜びにあふれる。夏の宿営地で今季最初の雪が降ると，秋の宿営地に〈移動〉する準備が始まる。秋の宿営地はたいてい近くに草刈場が設けられており，そこで家畜の種付け作業が行われる。また，男性たちは簡易テントを持参して，家畜の一部の群れを連れて転々と〈移動〉しながら，越冬に向けて家畜をより太らせることを行う。家畜が草を食べつくす前に〈移動〉する。これが草原を守るための鉄則である。冬になると宿営地は囲いなどのある施設へと〈移動〉することが多く，そこから草原に家畜を連れ出すという日帰り放牧を行う季節である。寒い冬の燃料として牛糞を堆く集めておくというのも冬の宿営地での重要な作業である。

こうした季節ごとの〈移動〉は厳しい自然環境に自らを適応させるための最も効果的で唯一の手段である。このような１年のサイクルに従って，家畜とともに〈移動〉してきた人々は，また，〈移動〉することを尊ぶ心性を維持してきた。諺からモンゴル文化を研究した小長谷有紀[7]によれば，以下のような諺からモンゴルでは〈移動〉することこそ賢者の証であると考えられていると読み解く。

「五より上の数を知らない。平原より向こうの土地を知らない」

「妊娠した女性が小便をするところより遠くへ行ったことがない。小さな子ウシが草をはむところより外は見たことがない」[8]

これらの諺では行動力のなさや移動距離の狭さが罵倒され，戒められている。さらに小長谷は，「聞くより見るほうがよい。座るより行くほうがよい」という諺の事例をあげてこうも述べる。「経験が重要であることは人生の真理にほかならない。ただし，その重要な経験という要素をかくも単純に移動そのものにおきかえている点に，移動を是とする遊牧民の思想がうかがわれるのではないだろうか」[9]。〈移動〉するものこそ尊ばれる。農耕民である我々は定住することに何の疑問も感じてこなかった。「石の上にも３年」などとじっと動かず我慢すれば成功がもたらされると信じる我々の心性とは差異がある。〈移動〉を是とし，〈移動〉を基盤に生活様式を成り立たせてきた彼らは，他（自然）を同化させからめ取ることなく，自らを〈移動〉することによって生きてきた。〈移動〉は彼らの他との関わり方のあり様だ。他に対する思考が〈移動〉の論理に内包されているのだ。

４　〈移動〉する「７月の身体」

話をナーダムの話にもどそう。彼らは自然に応じたかたちで１年の暦に従って〈移動〉して暮らしてきた。彼らは大地を所有しそれを耕し，種を蒔いて草を育て（すなわち他を変化させることで），その空間で家畜を「増やす」ことを目的として生きてきたのではない。自分たち家族の手に負えるだけの家畜を「維持する」ことを願って，その時々の自然の条件に応じて自らを〈移動〉させ，自然にできるだけ負荷をかけないように共存してきた。そして，その方法を尊んでもきた。その驚くべき精妙な自然との共存の様式は，ナーダムの身体にも連続性を感じさせるものがある。

彼らは生活の空間を１年の遊牧の暦に応じて〈移動〉しているが，その暦の中で，身体そのものも「７月の身体」に〈移動〉しているように筆者にはみえるのだ。彼らは，自然のサイクルの中で，的確にやるべきことを粛々と繰り返す。１年の生活のサイクルの中で，７月はナーダムの身体に〈移動〉する時期なのだ。それも彼らの暦に組み込まれているものではないだろうか。

すなわち相撲の稽古は〈移動〉の準備だ。ナーダムのために技を刻印する。そこにある身体観は，自らの身体が過去の蓄積とは断絶されたものとして，そしてその本質の固有性を保持しないことを前提としているのではないだろうか。そこに余剰は存在しない。夏の一時期，力士の身体に〈移動〉し力士の記憶を呼び覚ますのみなのである。

一方，継続的にトレーニングを積む身体とは，いわば「定住」した身体を思わせる。自らの身体を，想定した未来のために「技」を蓄積するために所有し，固着させる。より強く，より俊敏に身体を向上させていく。あくまでそのイメージは確固たる固有性を保持した過去の，その蓄積の上に積み重なる右肩上がりの身体だ。すなわち自己同一性の上に成り立つゆるぎない自己の身体が，明確に「自己─主体」として常住しているようにみえる。こうして技は過去の自己の上に蓄えられるのだ。

ここで今一度，〈移動〉する身体とは何かを問おう。それは〈外〉に向かって開かれた身体だ。その前提は，自己の身体を不変のものとして想定していないということだ。過去から未来にわたって同一の「自己という存在」への帰属を潔く放棄しているように思われる。所有した身体から生産される蓄積をもたず，「自己」を完成させていくことを目的としない。ノマディズムを説いたブランショの言葉を借りれば，〈移動〉する自己とは，「不断の自己解体を通じてのみおのれを構成していく」[10]ものかもしれない。絶対なる「主体―自己」では，本当の意味で〈外〉へは開けない。〈移動〉する身体は，外に向かって開かれる存在として〈移動〉を反復していくのである。それこそが，開かれた身体として自然との連続性を生きることができるのである。

おわりに――文明と文化からの〈移動〉

筆者は以前，モンゴル相撲と牧畜作業との関連性を指摘したことがあった。相撲の技には牧畜作業の身体技法が生かされた事例があることや，相撲の技名に牧畜業に裏打ちされた解剖学的な語彙が使われていることなどをあげた[11]。しかし，最もモンゴルの生活世界と相撲が同じ観念の上にあることを指摘できるのは，実はこの「7月の身体」にあるのではないかと考えている。自らの身体そのものも自然の連続性の上にあり，それを季節に応じて〈移動〉する。そうした身体観こそがモンゴルの〈移動〉の論理の延長線上にある。

しかしこの「7月の身体」が近年変化をみせている。身体は自然のサイクルから独立し，恒常的に人間が努力によって変化させることができる「対象」となりつつある。その変化の意味は，“文明 civilization”を“都市 city”から，“文化 culture”を“耕す cultivate”から想定してきた我々には，容易には気づくまい。しかし，そこには「定住」した身体がおりなす身体の所有が見え隠れするのだ。そこにはゆるぎない主体の〈存在〉が常住する。すなわち自己が内在するのだ。

文明や文化が，定住と自然への積極的・直接的な介入が前提にあるのだとすれば，モンゴルの暮らしはそれからは程遠い。しかし，〈移動〉を是としてきたこの文化の身体観は，〈外〉に向かって開いている。こうした身体観は我々に，「文明」や「文化」の概念が根底にもつ思考からの〈移動〉を迫っているのかもしれない。本当に自己を〈外〉へ開き続けるためには，自己を内在させない〈移動〉の反復が不可欠なのである。

（井上邦子）

註

1）モンゴル国において「相撲と羊肉がないと生活が成り立たない」といわれるほど人々の中に深く浸透しているものである。モンゴル相撲は土俵がなく額や背中，肘，頭などが地面に着くと負けになるというルールである。

2）「ナーダム」とは「遊ぶ（ナーダハ）」から派生した言葉で，モンゴル国の夏の「遊び」である。その際には相撲，競馬，弓射が行われ「男の三種の競技」と呼ばれているが，現在では相撲以外は女性も参加する。

3）1999年より，取り組み後30分が経過した時点でじゃんけんをし，勝ったほうが自分の有利なように組み手をとって試合を再開することとした。

4）1996年7月，ウランバートルでの調査当時。

5）モンゴル相撲は512人の力士がトーナメント戦を行い，5回戦を勝ち進むとナチン（鷹），ベスト4に残ればザーン（象），優勝すればアルスラン（獅子），2度の優勝でアブラガ（巨人）の称号が与えられる。

6）デウェーを行う対象を「自然」と記したが，彼ら自身，何から力を得ているか言語化できないでいるのがこの概念である。いわば〈世界〉や〈他〉というべきものから力を得ている体感はあるようだが，それを言語化し明確に対象化していないのが現状である。彼らはその体感の対象を非常に迷って，「あえていえば“自然”や“周囲”だろうか……」と答えた。

7）小長谷有紀『モンゴル風物誌』東京書籍，1992年

8）前掲書7），p. 89。モンゴルの移動式住居（ゲル）内にトイレはなく，住居の外の草原で用をたすのであるが，その折，妊婦はあまり住居から離れないという常識がこの諺の前提である。

9）前掲書7），p. 90

10）モーリス・ブランショ，西谷修訳『明かしえぬ共同体』ちくま学芸文庫第5刷，2007年，p.19

11）詳しくは，井上邦子『モンゴル国の伝統スポーツ――相撲・競馬・弓射』叢文社，2005年を参照いただきたい。

参考文献

・小長谷有紀『モンゴル草原の生活世界』朝日新聞社，1996年
・小長谷有紀編『アジア読本モンゴル』河出書房新社，1997年
・西谷修『離脱と移動――バタイユ・ブランショ・デュラス』せりか書房，1997年
・J＝L．ナンシー，西谷修・安原伸一朗訳『無為の共同体』以文社，2001年

2　ザビエルの右手

はじめに

フランシスコ・ザビエル（1506〜52）はペロタ・バスカ（pelota vasca, 以後ペロタ）をしたか，という問いに答える記述はまだ見当たらない。恐らくプレイしたのではないかという推測までである。日本ではキリスト教宣教師として名高いザビエルが，スペインのザビエル城で生まれ，パリで勉学に勤しみ，そこでイグナチオ・デ・ロヨラと出会いイエズス会に入るということは世界史で我々の知るところでもある。しかし彼がバスク人であり，有能なスポーツ選手であったことはあまり知られていない。現在，スペインの，そしてナバラ県の守護聖人になっている。そしてバスク地方に伝承されているペロタというボールゲームの守護聖人でもある。

図1　ザビエル像（神戸市立博物館蔵）

1962年９月23日国際ペロタ連盟主催の会議がスペイン・パンプローナ市で行われ，その席上スペイン・ペロタ連盟会長ザビエル・アルチャンコ氏が聖フランシスコ・ザビエルをペロタの守護聖人に推挙し承諾された。その後，国際ペロタ連盟会長カルメロ・バルダ氏をはじめ関係者がナバラ県中東部レイレ山脈の向かいにあるザビエル城を訪問し，その旨を報告した。それは第４回ペロタ世界選手権がパンプローナ市を中心に開催予定で，その成功を祈願して守護聖人に見守ってもらうためである。果たして選手権大会は大成功であったという。

ザビエルがペロタをしたという状況証拠はある。まずナバラ王国がカスティリア王国に属していた1519年にザビエル城が売りに出された。その中庭に

「ペロタをする回廊」があったとされている。また隣村サングエサの教会古文書室には多くの資料が残されており，その中に16世紀当時のペロタの記述も多数存在する[1)]。

また，1581年8月，ちょうどザビエル没後30年にあたるが，ソリナ子爵レオン・ガロ・イ・ザビエル，ジェロニモ・ガロの息子，およびアナ・デ・ザビエル（聖ザビエルの姪）の3人がサングエサ「大通り」でペロタをしていた。そのときのソリナ子爵の服装は「ペロタ用の長靴下とシャツ」を着ていた。そこへ使者が現れ，ソリナ子爵の使用人アラスツェイへ逮捕状が出ているとの報を受ける。急いで家に戻るが，使用人はすでにアラゴン方面へと逃亡した後だった。ソリナ子爵はその責任を取らされ，1ヶ月の自宅謹慎および1000ドゥカードの罰金が科された[2)]。これら判決文に見るだけでも16世紀当時ペロタがザビエルの近くで行われていたことがわかる。ただペロタの種目については明記されておらず，素手であったのか，用具を使用していたのかは定かではない。

バスク[3)]とは，現在ピレネー山脈を挟んでスペイン北部とフランス南西部にあるバスク人居住地域である。約260万人が暮らし，スペインではマドリードとバルセロナと共に経済の中心を形成しており，活発な政治運動も行われている。フランスでは南西部にあたり，夏季は観光地として賑わうが，観光と農業のみの仕事は自立するにはかなり困難な状況である。歴史的にはバスクはナバラ王国（915～1514）として存立し，スペインとフランスの間にあって政治的折衝の要にもなっていた。

1　ザビエルの生い立ち

1506年4月7日生まれのフランシスコ・ザビエルはスペインナバラ地方南東部にあるザビエル城で地方貴族の子として育った。彼は5人姉弟（兄2人，姉2人）の末っ子で，父はドン・ファン・デ・ヤス，母はドーニャ・マリア・デ・アスピルクエタであった。父はナバラ王国の王（フランス貴族アルブレ家の出であるファン3世）の信頼厚い家臣として宰相をつとめた。ナバラ王国は小国ながらも独立を保ってきたが，フランスとスペインの紛争地になり，1515年についにスペインに併合される。この後ザビエルの一族はバスク人とスペイン，フランスの間での複雑な争いに巻き込まれることになる。このように物心ついたころから戦乱の日々を生きていたフランシスコは，司祭をしていた叔父の影響を受けて聖職者を志すことになる。

1525年，19歳でパリ大学に留学。バルバラ学院で神学を学んでいるときにピエール・ファーヴルに出会う。さらに同じバスクから来たイグナチオ・デ・ロヨラとの出会いがザビエルの人生を変えることになる。ザビエルはイグナチオから強い影響を受け，俗世よりも大切な何かがあるのではないかと考えるようになった。1534年８月15日，イグナチオを中心とした７人のグループは，モンマルトルにおいて神に生涯をささげるという同志の誓いを立てた。

一方，パリ在学中に校内スポーツ大会で走り幅高跳びで優勝している。当時は高さと共に，距離をも競ったのであった。この身体能力は他の競技でも発揮されたであろうことは想像に難くない。

2　ペロタ・バスカ　pelota vasca

ペロタとはスペイン語で丸いもの，ボールを意味し，バスク語ではピロタという。一言にペロタといってもその種目は多岐にわたっており，一言では説明不可能である。「右手」に関する部分だけに絞っていえば，現在の状況は以下のようになる。

素手で硬球（野球のボールよりも２回りほど小さい）を打ち，返球は相手ではなく，壁（９×９m）に返球する。二者が交互に壁に返球するが，決められたエリアからボールが出るかあるいはボールを壁に返球できなければ相手の得点になる。現在は22点先取である。コート名はフロントンといい，前壁だけでなく左側にも壁がある。サイドラインは35〜40mあり，観客席は正面の壁に向かって右側と後方である。したがって右手でボールを左壁側へ打ち，相手のミスを誘うのである。左壁付近へのボールは左手で打ち返すしかない。素手の球戯では左手よりも右手が重要な役割を果たす。それは重みのあるかつ速い効果的な返球が可能である一方で相当なダメージを受けることにもなるのである。筆者は10m前方へ届けば上等で，それを強く打つなどとは考えることができない。

素手で硬球を打つからには相当な痛さであろうと推測されるが，プロの選手に聞けば，幼少のころから遊んで鍛えられているので痛くないという。しかしプロであっても長時間ゲームを続けていれば，手を傷めて無理をして試合に出なければならない場合などもあり，かなりの負担が手にかかると思われる[4)]。

実際には手の保護を優先されている今のルールを決定づけたのは，１冊の医学報告書である。そこには傷めたかなりグロテスクな手が多数写真入りで載せられている。現在は手の保護が優先されテーピングはむしろ推奨されている[5)]。

ペロタ・マノ（素手）は直径６㎝程度の硬球（野球の硬球ボールを２回り小さくした）を素手で打つ競技である。競技相手と壁に返球しながら競うこのペロタは，スカッシュを想起すれば案外簡単に理解できる。しかし硬球を長時間打ち続けると手が腫れてき，しまいには鬱血してくる。近年こそテーピングで保護されているがこれはごく最近のことであり，以前は何も手に巻いていなかった。フロントンという特別に用意されたコートは村の広場に設置されており，ナバラ県であれば北部のほとんどの村では大切な場所である。ここで競技をし，祭りが執り行われ，バスク舞踊の会場となり，子どもの遊び場所であり，天気の良い日であれば年中行事の食事会も催される。ザビエルの時代であれば屋根は取り付けられていなかったであろう。近年は雨天でも実施できるように屋根をこしらえ，ひいては囲い込まれ入場料も必要になっている。

3　ザビエルの右手

「ザビエルの右手」は現在聖遺物としてイタリア・ローマ市のジェズー教会に安置されている。歴史記述としては，1552年12月２日（３日の説あり）ザビエルは広東沖にある上川島で亡くなった。ときに46歳であった。その地で埋葬された遺体の腐敗が進行していなかったということで，マラッカ，インドのゴアへと運ばれ，最終的には1624年ゴアのボム・ジェズ教会に落ち着くことになった。そのとき彼の肉体は神から認められた人として聖者的扱いを受けるようになった。また彼の書簡はイエズス会関係者だけでなく一般の人々へも送付されていたので，宣教熱を高めるためにも腐敗していない「肉体の証拠」が必要であったのである。遺骸そのものをヨーロッパに持ってくることも考えられたが，アフリカ廻りの移動で腐敗が進行するかもしれないとして，右腕を肘のところから切り取ってローマへ運ばれた。1614年のことである。

図2　ザビエルの右手
写真：菅井日人

このように遺体を切断することを実行に移す考えというものはいかなるものであろうか。遺骸を掘り起こしその一部を切り取るという行為は，理解しがたいことである。これは西洋では身体（=肉体）は「モノ」や「機械」とする思考が現在まで持続してきている証左でもあろう。

一方，聖人の遺骸はカトリック教会では聖遺物と呼ばれる。遺体が腐敗せずに残ることを聖人である証明の一つとみなすことは伝統的な見方である。聖人の遺骸またその一部は古代から中世においては強い崇敬の対象となり，それに関連した奇跡が多く語られている。1622年3月12日，イグナチオ・デ・ロヨラとともにザビエルは聖人に列せられた。

4　ペロタの身体

硬球を打ち続けていると手指のつけ根にタコができる。つまり，人差し指と中指，中指と薬指，薬指と小指の間である。また小指のつけ根の少し上，およびつけ根のすぐ下にもタコができる。このタコが打突時に骨を圧迫する。また中指と薬指の先には血豆ができる。さらに親指つけ根横にも同様のことが起こる。遊びであれば問題ないが，試合となると状況は一変する。強く早い打球が求められるのである[6)]。

素手で硬球を遠くへまたは強く打つという現代人には忌避される特徴を有しているペロタは，「自己完結」し得ない要素をも含み持つ。打突の瞬間は「他者」に委ねているのである。いつも手の平の同じ場所に当てられるとは限らない。また同じ強打を続けられるとも限らない。つまり「他に委ねる」しかないのである。例えば30ｍも遠くへ硬球ボールを打つには相当の覚悟が必要であろうし，手への衝撃が続くラリーは数分続くことは通常である。耐えきれない激痛との折り合いが必要になってくる。打突ごとに手の平をチェックしている様子は，たとえテーピングを修正しているのだとしても，修正だけなのかどうかは判別つけにくい。プロの選手は小さいころから手を鍛えているので他者が考えているようには痛くないという。ある程度はその通りだとしても，手の平にタコＴａｋｏというスポンジをテープで巻いて手を保護していることから見れば，全く痛くないというのは大げさであろう。痛くなければテーピングをして手を保護する必要はないからだ。素手の球戯には用具の性能に左右されない身体の原初がある[7)]。

またペロタ選手であれば過去の時間の中に「最善」を見つけ出しその感覚を探り出し，パフォーマンスへと直結させる場合もあろう。冷静だと力を十分発揮できず，一方頑張りすぎても空回りする。あるフランスバスク出身の元チャンピオンは，「うまく打てたときは，全く覚えていない」という。そこでは意識的な自己ではなく，無意識の身体が立ち上がり，自己完結し得ない身体が立ち上がっていたことになる。

稲垣は無意識に立ち上がる身体を以下のように説明する。

初心者にあっては，近代的「主体」が他者である自己の身体に向かって命令を下すのだが，なかなか思うようには身体は動いてくれない。習熟すると，近代的「主体」が特に命令を下さなくても思うように身体は動いてくれるようになる。そして，さらに，名人になると，近代的「主体」そのものがどこかに消え失せ，命ずるまでもなく身体が自在に動き始める。「からだが動く」という境地である。この初心者→熟練者→名人という身体技法の習熟過程は，意識的身体から「脱自」「脱存」へと向かうヴェクトルを持っている[8)]。

ペロタは世界選手権が開催されるほど世界の20あまりの国と地域に普及している。移民などが持ち込み定着している例が見受けられるが，もっともペロタ人口が多いのはバスクである。幼少のころから壁にボールを打ち返す遊びはよく見られる光景であり，また学校体育のプログラムとして男女を問わず導入されている地域もある[9)]。幼児から身体にすり込まれたボールへの感触は，後年ペロタをプレイしたり見たりしたときに立ち上がる共通感覚である。したがってペロタに「接触」することは「バスク人」の〈分割＝分有〉でもある。

さらに「右手」との「接触」はそれまで潜在化していた意識が顕在化し，「ペロタ選手の手」という〈分割＝分有〉も生起する。つまりザビエルの右手は，単なる聖遺物からバスク人の「手」へと変化し，各人の持つペロタ経験とヴィジョナリーな連携を生み出しながら，バスクの民衆へと入り込んでいく。ペロタのシンボルが「右手」であれば，バスクのシンボルへと進展していくことはしごく当然のことであろう。「右手」の持つ呪力に「触れる」ことで一気に500年というときを飛び越え，ペロタをした同じ手を持つプレイヤーとの「対話」が始まる。

また過去の名プレイヤーの姿が彷彿とされることもあろう。ボールを打つ手の音。音が響くわけでもなく，それでいて壁に当たるボールとの差異が感じられる手の音。プレイヤーに背を向け観客へと向き直り，喧噪の中に鋭く聞こえるコレドール（賭の胴元）の声の反復は，ペロタをしたときの身体の記憶と共にある。テニスボールに賭の額を記入した紙片を入れて観客席に投げる。受け取った客は紙片を懐に入れて，掛け金を入れて投げ返す。そのほとんどが男性客で占拠される観客席には，タバコの煙がまん延している。一打ごとにわき起こる観客の反応は，大きなうねりとなってフロントンの中で反響する。村のフロントンでの試合であれば，村の英雄の登場で一段と応援に力が入る。それらが身体の記憶となり，またベルソラリという即興詩人によって語り継がれることになる。

このようにヴィジョナリーな世界から「右手」はバスク人の身体へと直結するのである。自閉するのではなく外へと開いていく身体，この身体が「右手」との接触によって可能となるのである。

5　ザビエル詣で

西洋では身体は「機械」あるいは「モノ」であるという思考がある。すでにザビエルの身体は切り取られているのである。聖遺物の取り扱いは別格であるのは疑いようがないが，その右手に毎年ザビエルの日12月３日にザビエル詣でが大勢の元ペロタ選手や現役の選手なども加わり実施されている。

長年ペロタの古形態ラシュアの推進・普及に努めているティブルシオ・アラストア氏[10)]も近年ザビエル詣でに参加するようになったという。氏もかつてサンテステバン村代表としてラシュアをプレイした一人である。氏が報告した内容（2006年）によれば，

唯一のペロタ選手の組織，ピロタリーエン・バツァラ PILOTARIEN BATZARRA は毎年１回12月３日にザビエル城に集結し，ペロタという伝統を確認し合い，ペロタの守護聖人ザビエルに対して礼拝し敬意を表することを継続していく。

と，されている。国際ペロタ連盟やナバラ・ペロタ連盟が中心となり設立されたこの会は元ペロタ選手，現役の選手などが会員となっている。その中心にあるのがやはり「右手」である。ペロタは手が重要な役割を担うことは周知のことであり，用具の有無に関係なく手を大事にするのはむしろ祈りに繋

がる。守護聖人になった当初から祈りとしての性格を持っていたザビエル詣では，今度はペロタ選手たちのアイデンティティを確認する装置にもなる。それはパルタージュ〈分割＝分有〉であり，すでに他者（右手）が存在し，その他者なしには存在しないという考えである。

ペロタを共有するということは，バスクという共同体「と共に」[11]あるということでもある。人はもともと「共同存在」であるといわれる。言語を介してコミュケーションを取ることはそうであるが，ペロタのボールも複数の人が介在して初めてバスクの中で意味をなし得る。競技場を去ってもヴィジョナリーな世界で遊ぶことは可能であるし，それこそ時空を超えたところで大いなる「接触」が試みられる。

伝播していった国や地域には素手のプレイヤーは少なく，用具を使用した種目が選択される。「手」の意味をよく知っているからこそ，バスクでは今なお隆盛を誇っているのであろう。それは無意識であり，目に見えない「紐帯」となりバスク人を結びつけている。この「右手」が紐帯として機能する限りザビエル詣では無くならないであろうし，今後なお一層人々を結びつけるであろう。カトリック信仰が崩壊しつつある一方で，それに変わる「と共に」あるバスクの新たな紐帯が注目される。

（竹谷和之）

註および参考文献

1）Laveaga Mendiola, Juan Cruz, El juego de la pelota en Sangüesa, *Cuaderno Etnologíia y Etnografía de Navarra*, Gobierno de Navarra Departamento de Educación y Cultura, 1995, pp.37-66.

2）Arrztoa, Tiburcio , Pilotarien Batzarra, 2006.

3）バスクは，現在スペインバスク州（アラバ県，ビスカヤ県，ギプスコア県），ナバラ州（ナバラ県），およびフランスバスク（3地域）で構成されている。バスク語を話す地域として定義されてきたが，スペイン語やフランス語使用の需要が増大し，徐々に話されなくなっている。しかしバスク人のアイデンティティである言語復権に多大なエネルギーが費やされ，またバスク政府の文化政策にも後押しされて，活況を呈し始めている。

4）ペロタには最古形態を含む約28種目がある。プレイされるコートは３つ（プラサ，フロントン，トリンケテ）であり，使用用具もグローブ（大小），パラ（５種類），セスタ（３種類），ラケット（２種類）および素手がある。コートと種目が決められると，その種目に合うボールが用意される。とくに素手のボールは多種をきわめ，幼少から成人，アマからプロまでその年齢と技能に合わせたボールが用意されており，これだけで23種類ある。竹谷和之「ペロタの形態に関する研究」『神戸外大論叢』第38巻第５号，神戸市外国語大学研究会，1987年

5）素手の諸相，解剖学，手の傷害，予防という４章からなるこの本は，すべてのペロタ選手を念頭において書かれている。

Letamendia, Ander, *El Pelotari y sus Manos*, Euskal Telebista, 1995.

6）ibid. pp. 108–139.

7）バスクに伝承されているエスニック・スポーツは全て「手」に関係してくる。それはそのほとんどが日常労働から派生しているからである。例えば丸太切り，石かつぎ，石引き，草刈り，レガッタなど。力と持久力を要求されるこれらスポーツのシンボル的存在がペロタ（素手）であろう。またこの手が外敵から身を守る重要な役割を果たした。

8）稲垣正浩『スポーツする身体を考える』叢文社，2005年，p.147

9）スペインバスク州やフランスバスクでは，バスク民族スポーツの再認識や学校プログラム導入を目指して，ペロタを教材としたイカシ・ピロタ（ikaspilota）が開発された。元ペロタチャンピオンのホシャン・ウンサインなどが中心となり，まず民族学校（イカストラ），そして公立学校なども使用し始めており，発育・発達だけでなく将来のペロタ選手の発掘にも利用されている。

Joxean Unsain, *Ikaspilota Pilota, Heziketa Trena*, 1995.

10）Arraztoa, Tiburcio, *Guante–Laxoa La modalidad más antigua de la pelota vasca*, Gobierno de Navarra, 2004.

11）Ｊ＝Ｌ．ナンシー，西谷修・安原伸一朗訳『無為の共同体　哲学を問い直す分有の思考』以文社，2001年

3 保育者の身体技法としての読み聞かせ

はじめに

少子化社会である現代は子どもをターゲットとした産業がさかんである。保育を始め子どもにかかわる職業は社会のニーズも高く，幼稚園の先生や保育士を夢見て大学進学時に幼児教育や保育を専門とするコースを選択する女子高生は多い。保育者を養成する大学・短期大学を始め，専門学校への進学者は年間3万5千人[1)]を超えている。

幼稚園教諭や保育士にとって毎日の保育の中で子どもの発育・発達を促すため，それぞれの発育段階に応じた遊びや教材を提供することは必須業務の一つである。絵本や紙芝居の読み聞かせは保育現場では非常によく行われ，子どもたちも大好きな活動の一つである。幼児期は心身の発達が著しく，言語能力や良好な人間関係を築く力の基礎がこの時期に養われる。保育現場や家庭保育において絵本の読み聞かせは重要な活動と位置づけられており，言語習得や発達心理学の観点から多くの研究がなされてきた。保育者にとって読み聞かせは基本的で重要な技能の一つと言える。言語能力の基礎を培う重要な時期に子どもたちと多くの時間を共有する保育者が言葉に関する基本的な知識や正しい言葉を話す能力を有している重要性は，改めて指摘する必要も無いであろう。しかし言葉を話す能力は題材の言語的理解や知識だけに留まる訳ではない。呼吸法，姿勢といった発声のしくみに直接影響する身体操作から，表情やしぐさなど身体のあらゆる部分を使って行う情動伝達の表現技法が含まれている。読み聞かせという行為は，身体共振的な非言語的身体コミュニケーションを兼ね備えて初めて意味を持つと考えられるのである。読み聞かせを行うことは，様々な場面に対応して話者である保育者の身体コミュニケーション能力の高さが問われる機会であり，聞き手の子どもたちとの深い身体的共感や感情的相互理解を得る行為なのである。

これまでの保育者養成教育において読み聞かせは言語教育の延長として捉えられ，その身体操法的な側面は近年の齋藤ら[2)]の取り組みが広く取り上げられるまで注目されることは極めてまれであった。多くの保育者養成校における旧来のカリキュラムを部分的に改変しながら行われる教育の中で，読み聞かせの身体技法はこれから保育者の第一歩を踏み出す若い世代に十分伝えられているとは言い難い。本稿では読み聞かせの身体技法を若い世代に伝える試みとして，筆者が保育者養成の教育課程の中で行っている取り組みを題材に今後の課題を探ってみたい。

１　読み聞かせの身体技法としての発声

保育活動の中の読み聞かせとはテキスト理解に基づいて身体的な技法を用いて行われる表現活動である。読み聞かせの前提として題材文章のテキスト理解があり，読み聞かせを行う話者は題材の表現する情感・登場人物の気持ちの変化などを正確に読み解くことがまず必要である。幼児用の題材とはいえ，テキスト解釈に必要な豊かな情感や経験を保育者が持ち内容を理解することが無ければ読み聞かせのコアは乏しいものとなり，聞く者に共感を引き起こすことは無い。従って，これまでの読み聞かせの指導は国語科的に適切なテキスト解釈をする能力を養成することに力点が置かれていた。話者が理解したものを全身で表現することにより，子どもにとって未体験な感情や感動まで共感させ得る感情伝達ができると言える。豊かなテキスト解釈を発声と身体動作を通して表現するというプロセスは，一つの統合的行為である。子ども時代の遊びの中で大きな声を上げ仲間と身体でぶつかり合って様々な感情をやり取りしながら成長した人間にとって，テキストの内容が理解できればそれを声にのせ体全体で表現することは自然な行為であるはずである。しかし，今日の学生は幼少からの成長体験の中で，必ずしもこのような自身の感情や感動を身体をフルに活用して豊かに表現するだけの技法を身につけているとは言い難い。少しの気づきでこのような総合的な身体技法に開眼するには，彼女らの身体経験や運動能力はあまりに貧困である。国語科的なテキスト理解の段階まででで指導が留まった場合に，今日の学生はそれを表現として演ずるだけの身体技法を持ち合わせてはいない。

筆者は保育者養成の現場で過去20年間若い（女子）学生たちと向き合って来た。大学の講義で教科書の文章を人前で読むことを課しても，講義室にいる者全員に聞こえるように読める学生は半数ぐらいである。保育実習の際に子どもの前に立っても声が通らず，クラス全体活動において指示を的確に与えられない学生は少なくない。彼女らの言い分では，「人前で大きな声を出して話すことだけで緊張する」「自分の声が小さくて通らないので読み聞かせにも積極的になれない」と，人前で大きな声を出すということが一つの技術的障害となり消極性を導いていることが窺える。彼女らが幼児期から受けている音楽教育も，いわゆる唱歌の様に朗々と詠ずるタイプのものからリズム系のノリの良いものに置き換わって来ており，彼女らがカラオケなどで楽しむものもラップ調の発声の仕方の軽いものに嗜好が変わっていることもこれらを助長しているのかもしれない。保育技能の一つとしてしっかりした身体的基礎に裏付けられた発声が必要だが，現在の保育者養成校のカリキュラムではこれに正面から取り組んでいる時間は無い。

読み聞かせ表現の基本は発声である。話すことは極めて日常的な営みで，これを一つの技術として捉える意識を持つ学生はほとんどいない。人前での発表に耐え得る実際の発声とは，咽頭部・声帯・口や舌の形といった直接の発声器官の操作だけではなく，声の質や大きさを決める基本的な呼吸法や胸郭の形を決める姿勢の維持を通した全身的な運動を伴うものである。

音楽の発声練習に見られるように，発声には正しい姿勢が必要ということはいわば当たり前のこととしてこれまで強調されている。発声を学ぶ側の学生はもちろん，教える側も何故正しい姿勢と発声に不可分な関係があるのかに関して語ることはなく，伝統の知恵などを持ち出したり，自己の成功体験を誇らしげに語ることで色づけするものの，結局は金科玉条として掲げるばかりであった。体感だけで納得せよという指導には限界があり，生物学的な裏付けを持った説明が指導に取り入れられるべきであろう。裏付けになる説明が無く，ただ経験知としてだけ教え込もうという指導は今日の学生にはなじみにくい。良い発声には良い姿勢が必要であることを納得させるために，ある程度の論理的説明があることが望ましい。この点に関しての研究は未だ不十分であるが，筆者が文献渉猟で見出した参考事項から導き出した説明を以下に提示する。

進化の観点から見ると，ヒトが立位姿勢をとったことが言語獲得に必要な解剖学的変化のきっかけを咽頭・喉頭部にもたらしたと考えられている。喉頭が重力で下垂することにより，多様な音声を作り出すための広い口腔から咽頭部の空間が形成された。舌が自由に変形することで多様な音が作り出されたが，咽頭空間で自由に動く舌筋は次第に大きくなり，言語を有する現生人類は筋緊張が緩むと舌を含む咽頭周辺の舌根沈下を起こし，適切な姿勢でなければ呼吸のための空気の通路さえ確保できない構造にさらに変化した。すなわち頭部を前屈させ顎を引き過ぎた姿勢では，下顎骨が咽頭方向に近づき舌は咽頭空間のほとんどを占拠してしまう。また胸鎖乳突筋を始めとする頚部諸筋が過緊張で首をすくめる形になれば喉頭上部空間は上下方向にも短縮し上気道はさらに狭小となる。視線を少し上に上げ，下顎下縁が水平になる程度に顔を起こし，首の緊張を無くし喉を絞らず胸郭を楽にして音が響きやすい姿勢を作るという発声の基本は，ヒトが呼吸のために無理無く上気道を開通させ呼吸のために抵抗の少ない姿勢を作ることに他ならない。さらに体幹の姿勢をバランスよく直立させることは，腰椎部の上下方向の短縮をへらし腹部内臓が横隔膜を押し上げて運動を妨げることを防ぐ効果があり，最大の呼吸筋である横隔膜を動きやすくしている。このように発声がしやすい姿勢をとることは，立位姿勢に適応するためにヒトが四つ足状態からの進化のプロセスで行ってきた解剖学的要請に合致したことであると考えられる。言い換えれば適切な姿勢をとらずに発声を続けることは，我々の生物学的（解剖学的）進化に逆行する行為であるとも言える。

また，読み聞かせは発声により言葉を伝達するだけでなく発話者の感情や感動を含めた生理状態を呼吸（息づかい），姿勢（立ち姿）や表情・視線の動きを通して，言葉にならないメッセージまでをも発信するものである。そしてこのような非言語的メッセージは言語化されないまま聞き手に伝わり，気づかぬ間に両者は呼吸のタイミングを合わせたり，姿勢の揺れを模倣するという形の文字通りの身体的共振が起こる。このような経験を引き起こす読み聞かせは単なる情報伝達ではなく，感情を含めた疑似体験の共有という深いレベルでのコミュニケーションを実現する。この場合には，聞き手もうなずきやまなざしの形で発話者に対して情報を返している。このような双方向の働きかけは読み聞かせを発話者と聞き手が共同作業で作り出す「一期一会」の場とするものである。言い換えれば，読み聞かせの演者は自身の身体の構えや発声のタイミングにより聞く者の身体に変化を起こさせ，心身の同調が起こる中でテキストを共有する様に導くことが目標とされるべきであろう。この心身の同調はいわゆる武道で言うところの“息を合わせる”行為であり，このレベルの読み聞かせが実現することはまれであろうが，突き詰めていけば読み聞かせ自体アートとも言える高度な身体技法を要素として含んでいると言える。

2　保育者養成教育での取り組み

筆者は平成19年度後期に保育者養成校の在学生を対象として受講生の朗読の実践をテーマとした授業「身体能力を身につける」を担当する機会を得た。「総合演習」という授業の中での担当であったので，受講生に対して専門的な発声の指導を行うことはできなかったが，これまで絵本や紙芝居の読み聞かせの際に「発声」について何も考えたことの無かった学生の中には，わずか１時間の授業でも身体操法に重点を置くことで自分の身体を意識して発声することの大切さに気づくことのできた者もいた。

この授業の受講生は82名で，１回の授業を10名程度の学生が受講し，それを８回繰り返す形式で実施した。授業では主として姿勢と呼吸法にポイントを置き，各時間とも次のように進めた。

〇読み聞かせ経験についての事前アンケート記入

〇本時のテーマについて説明

〇詩の朗読

〇正しい姿勢について

〇呼吸法について

○発声について

○舌を動かす練習と早口言葉

○詩の朗読

○事後アンケート記入

この授業を受講した２年生82名全員が幼稚園または保育所実習の際に絵本・紙芝居の読み聞かせを経験していた。保育実習や幼稚園での教育実習では，実習の課題として絵本読みを課されることが多い。配属クラスの乳幼児の年齢や興味・季節などを考慮して子どもに読み聞かせをする絵本を選定し，大きな声で感情を込めて表情豊かに読むといった練習は，実習前に「保育内容」等の授業でも経験している。

アンケートにおいて保育者を目指す彼女らの９割は様々な保育の活動の中でも読み聞かせが好きと答えている。身体操法の実習に入る前に，読み聞かせをする際に子どもの前でどのようなことに留意して絵本を読んだか受講者に尋ねたところ，ほぼ全員が「声の大きさ」「読む速さ」をあげた。「外遊びの前に絵本を読む時は大きな声で，午睡前は落ち着いた雰囲気になるように少し小さいくらいの声で」と，状況に応じた配慮をしている者もいた。「大きさ」と「速さ」に次いで「声の抑揚をつけたり感情を込めて読む」，次に「表情豊かに読む」が配慮する点としてあげられた。逆に，「できるだけ感情が入らないように読む」ことをあげた者も１名見られた。その他に読み聞かせの際の留意点としては，「絵本を持つ角度や距離」「ページをめくる速さ」「子どもの様子を見ながら」などをあげた者が多く，発声法とは直接関係の無い事柄であった。「標準語で読むよう気をつけた」をあげた者もいた。

事前アンケート記入と演習のテーマ説明後，受講生に金子みすゞ[3)]の８編の詩を配布した。各詩は様々な子どもの情景を読んだもので，それぞれ10～12行で構成され30秒程度で朗読できるものである。その中から自分の好きな１編を選んで他の受講生の前で朗読した。本来は各自が選定した絵本を子どもの前で読んでいるつもりで朗読するという課題を与えればよかったのだが，11～12名の学生全員が授業の最初と最後に絵本を読むとなるとそれだけで授業時間のほとんどを費やすことになる。演習の目的である呼吸法や姿勢の体験をする時間を確保するためにも，比較的短く，また，特に解説を加えなくても内容がわかりやすい詩を選んだ。

発声の練習として，まず，「正しい姿勢での立ち方」について説明した。バレリーナや明治時代の日本人の写真を示しながら，西洋的な立ち方，日本的な立ち方について述べ，「正しい姿勢で立つ」ことの説明を行った。どちらの立ち方にしても重心・背中・下腹を意識して立つことが重要である。その後，一本の線上に重心がのっているか，下腹・丹田を意識しているか，猫背になったりあごを突き出していないかなどについて各自が意識しながら正しい（と思われる）姿勢で立ち，受講生同士で相互に確認を行った。日頃から「猫背だ」「姿勢が悪い」と言われている学生が多く見られ，姿勢が良いと言われている学生は少なかった。姿勢にかかわる色々なことを意識して正しい姿勢で立つことは，「意外としんどい・大変」「ずっとこの姿勢ではいられない」といった声が多く聞かれた。

次に呼吸の練習を行った。鼻呼吸と口呼吸，胸式呼吸と腹式呼吸についての説明後，それぞれの呼吸を意識して実践した。演劇や吹奏楽を経験している学生はそれほど意識しなくても腹式呼吸を行うことができたが，経験のない者が意識せずに行うことはかなり困難であり，子どもの前で話をしたり読み聞かせをする際に腹式呼吸を行うにはかなりの練習が必要だと思われた。

続いて発声の練習として，口をしっかり開け唇を意識すること，また舌を口腔内で色々な方向に動かす練習をし，滑舌を意識して早口言葉や発音練習の文章などを読んだ。これらのひとつひとつの練習に５～10分程度をあて，最後にまとめとして発声法のポイントを確認した。その後，授業の初めに各自が選んだ詩を立った状態で再度朗読した。

この演習を通して得たものをアンケートで尋ねると，「正しい姿勢」を一番にあげた者が非常に多かった。これまでに姿勢について習ったことのある者は無く，自分が正しいと思っている姿勢で立つように指示すると，胸を突き出して張りすぎる者も多く見られた。アンケートの具体的な回答としては，「正しい姿勢で読むと声が自然と出てくる」「人前で話すときは姿勢が大切だと思った」「姿勢を正しくすることで気持ちがすっきりした」「姿勢ひとつで意識がすごく変わったり声が通ったり，“意識すること”って大切だと思った」「姿勢を意識するだけで発声が大きく変化することがわかった」「今までの自分の姿勢の悪さに初めて気づいた」「姿勢を変えるだけで声を出すのが楽だった。深い呼吸をすると厚い声が出せたように思う」「自分の感情やイメージを表現できる体を作りたいと思った」といったものが見られた。

一連の練習後，友達の読み方や各自の読み方の変化した点としては，「口をしっかりあけて読むことができ，お腹から声が出た。真正面に向かって声が出た」「間を空けて落ち着いて読めた」「文章の流れが意識できた」「声に張りが出た」「始めは何となく読んでいたが，人に聞かせる意識を持つと姿勢や声の出し方に注意できた」「最初はただ順に文字を声に出して読んでいるだけだったが，姿勢をよくすることで自然に声も出しやすく，落ち着いて読めた」「声が出しやすくなって表現することにゆとりが持てた」「最初はのどから声が出ているという感じでしたが，お腹から声が出るようになり，読んでいても気持ちが良かった」「姿勢と口のあけ方を注意しただけで声が大きくなり，よく通るようになったことに気づいた。楽に大きな声が出せた」といった感想であった。特に練習後は「声が出やすかった」「正しい姿勢は声が良く通るように思った。速さ，間も考えられた」という感想が多かった。

読み聞かせの際に大事だと思う事柄を尋ねると，「間をあける」ことの大切さをあげた学生が非常に多くいたのには驚いた。事前に尋ねた読み聞かせをするときに気をつけていることとして「間をあけること」をあげた学生は2名だけであったが，練習前と練習後の読み方で変化した点として「間をあけて読むように意識した」など，多くの学生が「声の大きさ」「読む速さ」「感情を込める」といった事柄よりも圧倒的に「間」の大切さをあげていた。読み聞かせにおいて，適当な間を取ることができることは表現の効果として重要であるだけでなく，聞き手と読み手の非言語的双方向コミュニケーションを実現するためには不可欠である。姿勢を含めた身体の使い方への気づきが間への意識を導いたのは，コミュニケーション技法に身体の構えが整うことが重要であることを示している。不安定な姿勢は自分でも意図しない筋肉の緊張や身体の揺らぎをもたらすので，言葉と言葉の間の時間に落ち着きをもたらすことができない。正しい姿勢を持たずに読み聞かせを行っていた学生は，十分な間を取りたくとも身体の不安定さがそれを許さないという背景を持っていたと想像される。授業を通して，安定した姿勢と発声をより自由にコントロールできる感覚を身体の構えによって得ることで，自身が必要と感じる間合いを取ろうとする余裕が生まれたのであろう。

アンケートの最後に保育の中の活動として読み聞かせが好きかどうかを尋ねた。82名中75名が好きと答え，「目を輝かせていきいきしている子どもの表情を見ることができると自分もうれしくなる」といった内容を答えた者が非常に多かった。「今まではボソボソ発音してしまうし，読み聞かせはあまり好きではなかったけれど，今日の授業を受けて自分でもこんな風にしっかり発声できることがわかって嬉しくて好きになれたと思う。人前で読むことにもだんだん抵抗がなくなってきて，とてもよかった」と一時間の演習の成果をあげた者も見られた。

まとめ

インターネットや携帯電話の普及・発達とともに情報の伝達に関する社会的イメージが急速に変容しつつある様に思われる。しかし，保育という人の赤ん坊からの成長を見守る状況において言葉のみならず身体感覚を通してのコミュニケーション指導が必要なことは以前と変わらない。以前と大きく変わったのはその身体的コミュニケーションを提示し育む役割を担うべき若い保育者がこの様な身体的コミュニケーションに必要な身体操法を体得していないという現状である。ＩＴ社会がいくら発展しようと我々ヒトはその解剖学的制約から逸脱した身体技法を体得できる訳ではない。ほんの40年前であれば多くの日本人はトイレでしゃがみ，男の子たちは当たり前の様に相撲をして四股を踏むことができた。年配の指導者にとって当たり前の下腹部に力を込めて大きな声で発声することも，身体技法として整理し指導にのせる必要がある時代が到来している。毎日，生身の子どもたちとかかわる保育者が子どもの成長や変化・反応を感じ取るには，画一的に表面だけで接していればよいのではなくからだ全体で子どもたちを受け止めていく力が必要となってくる。読み聞かせを通して見えて来た身体技法指導の必要性は我々の社会に一つの警鐘を鳴らしているとも言える。すなわち身体の使い方に精通しなければならないのは特別な舞踏家や武道家に限定されるのではなく，これからの世代に広い意味での正しい身体の使い方を指導すべき保育関係者であり，これを怠ることは次の世代が継承すべき重要な身体コミュニケーションの豊かさを失う危険を孕んでいると言える。

（智原江美）

註

１）2006年全国保育士養成協議会資料による。

２）著書『声に出して読みたい日本語』やＮＨＫ教育テレビ「日本語であそぼ」で教育問題に新たな問題提起を行った。

３）大正末期から昭和初期にかけて，多くの作品を残した童謡詩人。

主な参考文献

・宇田渚『バレエ・ストレッチ＝ダイエット』講談社，2004年
・内田樹『私の身体は頭がいい』文春文庫，2007年
・遠藤秀紀『人体　失敗の進化史』光文社新書，2006年
・鴻上尚史『発声と身体のレッスン』白水社，2002年
・齋藤孝『身体感覚を取り戻す』日本放送出版協会，2000年
・向山洋一監修『声に出して読もう！　金子みすゞの童謡』金の星社，2007年
・安田登『能に学ぶ身体技法』ベースボール・マガジン社，2005年

4 メディア・スポーツ・イベントの機能
—明治38年 大阪毎日新聞社主催「海上十浬（マイル）競泳」に着目して—

はじめに

北京オリンピックは史上最大のメディア・スポーツ・イベント[1)]として記憶に残っている。開会式のＴＶ放送では，打ち上げ花火の映像が事前に制作されたＣＧ映像だったり，歌を歌った少女は口パクで，実際には別の少女が歌っていたりなど，メディア[2)]によるスポーツ・イベントへの介入について，大きく報道された。少女の口パクは，対外的な効果を考えた国家利益のためだったという[3)]。つまりテレビ映りが優先されたのである。それと同時に中国政府がメディアの報道を規制したり，ナショナリズムをあおるような報道を指示したりし[4)]，国家がメディアとスポーツ・イベントを徹底的に利用するという関係が際立ったオリンピックでもあった。このように現代社会ではメディアとスポーツが切り離せない関係にあることは衆目の一致するところであろう。

日本におけるメディアとスポーツの関係は，近代新聞がメディアとして機能しはじめた明治期にさかのぼることができる。明治34（1901）年には時事新報社，大阪毎日新聞社が相次いで「長距離競走大会」を主催した。この２つのメディア・スポーツ・イベントは，新聞の読者獲得，維持，販路拡大という役割を担いながら，読者にスポーツに関する「物語」を提供し，その「物語」をとおして共同体を創出する機能を果たした[5)]。

本稿では，明治38（1905）年に開催された，本邦初の水泳のメディア・イベントである大阪毎日新聞社主催「海上十浬競泳」に注目し，メディア・スポーツ・イベントとしての水泳大会の実態をあきらかにするとともに，それがどのような機能を果たしたのかを考察することを目的とする。

１　水泳と海水浴

⑴　武芸としての水術と水練場の出現

日本では水泳の技術は古来武芸として研究された。いわゆる日本泳法である。武芸としての泳法は戦場で要求されるものであるが，水術という教習体系を整えた流派として確立されるのは江戸時代初期からである。水術が武芸として奨励されたり，実用術としての必要性があったりした九州・四国・紀伊・伊勢・水戸・江戸などの各藩で独自の流派を生み出し発展した。日本泳法は各流派の持つ特性を生かした個性豊かな泳法であり，泳ぐ速さよりも，水を支配し，無駄な体力を使わず水中を移動したり，水中から周囲に注意を払ったりする技術が重視された。

明治維新に伴う幕藩体制の廃止とともに，江戸時代の水術は一時衰退した。しかし明治６年頃から隅田川浜町河岸等で水練場が再開された。武士の特殊技能だった水術が，武士階級の崩壊によって，練習料を支払えばだれでも指導を受けることができる水術へと変化したのである。家禄を失った武士の糊口をしのぐ手段としての一面もあろう。毎年夏になると各派の水練場が隅田川の河岸に現れたという。

明治31（1898）年８月には，横浜西波止場外人水泳場で，水府流太田派対横浜外人の競泳が行われた。日本で行われた最初の競泳の競技会である。100ヤード，４分の１マイル，半マイルの３種目の競泳を行い，結果は水府流太田派の勝ち（２勝１敗）であった。この競泳は，それまで速さを重視していなかった日本の泳法が，速さを重視する泳法へと移行するきっかけのひとつとなったといえよう。

⑵　健康の回復・維持のための海水浴

「湯治」といえば，温泉に入って療養することであるが，「潮湯治」と呼ばれる海水に浴する習慣は古くからあった。しかし「海水浴」という言葉が初めて使用されたのは，明治14（1881）年『内務省衛生局雑誌第三十四号』の「海水浴説」という論文である[6)]。この論文では，海水浴を冷浴と温浴に区別した。冷浴は直接海の中に入って海水に浴するが，温浴は汲みあげた海水を温めて浴するのである。それぞれの浴法の適応症も示されており，海水浴の目的が病気の治療であったことがわかる。

陸軍軍医総監松本良順が明治18（1885）年神奈川県大磯に開設したのが本格的な海水浴場のはじめである。松本は，海水浴は病気の療養にくわえ健康を増進させる効果があると説いた。海中で強い波に打たれることが身体を丈夫にするのに効果的であり，岩肌の露出した磯が海水浴場として最適だとした。このような海水浴の効用は，少年雑誌の記事をとおして一般にも広がった。例えば『幼年雑誌』では次のように伝えている。

「海水浴は古来神経強壮浴と称し，浴後は神思爽快となり，寒冷，塩分，波浪の合同刺激により，皮膚の末梢神経作用奮興し，皮表の血管収縮し，血液を内部に送入し筋肉収縮し，且つ皮膚の汚垢を去る等，凡て血液の運行を盛にし，新陳代謝機能を活溌ならしむ，海水浴は学生諸氏に至極的（ママ）当のものなり」[7]

こうして海水浴の効用が説かれるようになり，海水浴がブームとなって，各地に海水浴場が開設された。もちろん海水浴ブームには人々を海水浴場へと運ぶ鉄道網の発達が必要であった。

また，海水浴は避暑とも関係が深い。関東ではお雇い外国人等が鎌倉周辺を避暑，避寒のため保養地としていた。明治12（1879）年7月6日の『ベルツの日記』には「七里浜と称せられる海岸地帯の，片瀬に接する部分は，これ（海水浴）におあつらえ向きである」[8]とある。そして明治22（1889）年横須賀線が開通し，交通の便が良くなったことで，より多くの保養客が鎌倉周辺を訪れることになったのである。

このように医療法，健康法としての海水浴は，同時に避暑やレジャーとして受け入れられたのである。

⑶　「海国日本」と水泳

海水浴と水泳を結びつけたのは，明治20年代に入ってからの軍国的風潮である。日本の対外戦略とあわせて，四周を海に囲まれた「海国日本」の海防の必要性が広まったのである。

当時の少年雑誌をみると，以下のような海水浴に関する記事がある。

「海水浴は唯身体を壮健ならしむるのみならず大に勇気を養ふものにて，

殊(こと)に吾々海国男子は游泳術は必ず練習し置べし」[9)]

「海水浴は身体の健康を保持するに効あるばかりでなくして，傍ら游泳の術を覚ゆる事が出来る。我が国は四面皆海を以て巡らして居る島国であるから，国防上海軍の必要があるに因(よっ)て，海国男子であるもの能く游泳術を研究して，後日海軍々人になつた時には直ちに其技術を利用する便があり，海軍々人養成の一助ともなるのである」[10)]

「海国に生れ海国に人となりし少年諸君，何ぞ水練の技に達せずして可ならんや。身体を健にせんも水泳也。水に馴れて，大活動を試むべきも又水泳なる哉。諸君よ去つて裸体一貫跳つて深潭に投じて技に熟せよ。吾人又諸君と共に水の武術を練(ねり)，以て未来の大海国男児として宇内(うない)(ママ)に雄飛する処あらん」[11)]

つまり，海水浴は，健康の維持，増進に効果があるだけでなく，水泳を練習する機会として認識された。水泳が海国男子として必要不可欠な技術としてとらえられたのである。この背景には日本が初めて経験した対外戦争である日清戦争とその後の日露戦争の影響があることはあきらかである。

2　大阪毎日新聞社主催「海上十浬競泳」

(1)　大阪毎日新聞社のメディア・スポーツ・イベント戦略

近代的な日刊新聞の創刊は明治初期である。その頃からスポーツに関する記事が新聞紙上に現れていた。つまりスポーツ記事は新聞を構成するコンテンツだったのである。そして日清戦争が勃発すると，新聞は戦況をいち早く報道することで飛躍的に部数を伸ばした[12)]。

明治30年代に入ると，日清戦争の報道で拡大した部数を維持する為に，新聞社がイベントを開催し記事にすることで，読者の興味をひきつけるようになった[13)]。明治30年暮には「読売」，「東京横浜毎日」などの新聞が，狂言，代議士，待合，貸座敷などについて，読者参加型のイベントである人気投票を行っていた[14)]。「大阪毎日新聞」（以下「大毎」と略す）もまた，明治33年１月回向院の本場所の優勝力士を予想する「化粧廻し受領力士予想投票」を実施した。この投票の特徴は，投票用紙が新聞紙面に刷り込まれていたことである。その後「大毎」は「素人義太夫」「素人謡曲家」「俳優人気投票」などの投票を相次いで行い，販売部数を伸ばした[15]。これは，人気投票などの新聞社主催事業が新聞の広告，販売活動を左右したことを示している。単にニュースを報道するだけでは販路の維持，拡大が望めなくなったのである。

大阪毎日新聞社（以下，大毎と略す）の営業活動全般に関わった本山彦一は，「一定の方針によって編集された新聞であるが，商品として売れなければその新聞には権威も信用もない」という考え方の持ち主で，新聞の編集と販売を車の両輪のような関係としてとらえていた。この方針の下，大毎は公益事業の側面にも配慮しながら読者の人気を演出，動員するという事業企画を推進した。こうした事業の一つに明治34年に開催された「長距離競走大会」も位置づけられる。この大会は大毎が初めて主催したスポーツ・イベントで，8時間以内に50哩（マイル）を走ることを目標とした大会であった。連日関連記事を紙上に掲載し，読者の人気を集めたのである[16]。

そしてそれに続く大毎主催のスポーツ・イベントが，日本海海戦勝利の2ヶ月後に開催が告知された「海上十哩競泳」である。

⑵「海上十浬競泳」

明治38年7月25日「大毎」紙上第一面に「海上十浬競泳」開催の告知が掲載された。以下のとおりである。

「由来我邦は海上国として国民皆海事上の思想に富むを以て知らる。日露戦を開始するや我が海軍は連戦連捷（れんしょう）遂に露国海軍を殲滅し，ここに遺憾なく海国男児の本領を発揮して列強を後（しり）へに瞠若（どうじゃく）たらしむるに至れり。而（しか）してこれ一に我邦民が海事思想に富むの賜なるを知らば，今後ますます海と親しみ海上を踏破する事，毫（ごう）も陸行と異ならざるの思想を養成するの必要燎（りょう）として明らかならん。我社海上十浬の競泳は実にこの意に出づるものにして，堂々たる戦捷国民の競技として蓋（けだ）しこの右に出づるものなきは我社の信じて疑はざるところなり。」[17]

つまり，この大会は日本海海戦等の日露戦での勝利を背景に，「海国日本」の国民として，競泳を行うことによる海事思想の養成を趣旨としたのである。

期日は８月20日。場所は大阪築港（天保山沖）から御影魚埼（住吉川河口付近。現在の六甲アイランドへの入り口付近）間の十浬である。参加資格は満20歳以上40歳以下で，海上長距離水泳の経歴と技量があること。応募者の中から体格検査と実地試験に合格した者を選手として選抜するとした。１着には金300円と特製金メダル他，成績優秀者には賞品が授与されることになった。

「大毎」は競泳大会開催まで連日関連記事を掲載し，様々な情報を読者に提供した。大会の水路や潮流，役員，審判員，医師，審判規則，賞品，競泳者心得，観覧者への注意，識者による談話，選手の申込状況などである。選手の申込みがあれば「選手候補者」として出身地，年齢，職業，経歴，流派などを紹介した。

申込者は100名を超え，選手候補者として95名がまず発表された。そして体格試験に合格した68名が実地試験に挑んだ。実地試験は大阪中之嶋１周（実際はほぼ半周）。中之嶋公会堂（現在の大阪中央公会堂付近）前の土佐堀川を出発し，土佐堀川を下って，堂嶋川を田蓑橋付近までさかのぼるコースで行われた。結果28名が十浬競泳当日の選手として選抜された。

実地試験当日は会場となった中之嶋が人で埋まったといわれるくらい大勢の見物客が押し寄せたという。

大会当日「大毎」紙上では２面余にわたり決勝点の設備，選手姓名，選手の符号，観覧の位置，水路の図面など観覧に便利な情報を掲載した。阪神電鉄と高野鉄道（現在の南海電鉄）は，観覧者のために臨時列車を増便するなど便宜を図った。観覧のための臨時の観覧船も多数出た。

海上にはコースをわかりやすくするために浮標が設置された。そして各選手に番号と符号をつけ，その符号の旗を標識とした船を各選手に随行させた。つまり陸上から観戦しても，各選手の位置が一目瞭然となるようにしたのである。

長時間の遠泳となるため，選手は競泳の途中で付添いの船から食料を海中に投げ入れてもらったり，保温のため身体中に油を塗ったりして完泳のための工夫をした。

大会翌日も2面を使って大会の実況を報道した。優勝者は東京帝国大学法科学生の杉村陽太郎[18]。大阪築港—魚崎間を6時間8分で泳いだ。雨風が強く悪天候の中，28名中7名が完泳という結果だった。決勝点の魚崎の浜は10万余名の観客であふれたという。

「わが社海事思想養成を標榜して企てたる十浬競泳，一昨日多大の成効(ママ)をもつて終了を告げぬ，選手二十八名の技倆は遺憾なく発揮されたり，幾十万の観覧者，海に陸に極まりなき感興を味(あじは)へり，世人悉(ことごと)く水泳を起因として最も痛切に海の趣味を悟れり。換言すれば健全なる海事思想ここに一般の頭脳に深く刻まれたるなり。真に海国民の祝すべき次第ならずや」[19]というように，「大毎」はこの大会の趣旨であった海事思想の養成は達成されたと伝え，大会は成功裏に幕を閉じた。

(3) 「海上十浬遠泳」の果たした機能とその影響

「大毎」は選手を選抜する前から，選手候補者の氏名，出身地，年齢，流派などを紹介した。先に述べたように，当時は日本泳法が水泳の技術だった。選手申込者の流派や腕前が紙上で紹介されることで，個人対個人という興味に加え，流派対流派，いわば長距離遠泳の他流試合の様相を呈することになったのである[20]。優勝した杉村陽太郎も競泳前に「徹頭徹尾水府流の泳法のみを用ひ観海以下関西派のものと競ふて何れが果して競泳に堪ゆるかを試みん覚悟なり」と述べている[21]。紙面で紹介された選手の流派は水府流，能嶋流，小堀流，神伝流，小池流，観海流である。水府流は水戸が発祥であるが，それ以外は関西，四国，九州が発祥である。杉村がいうように関東の泳法対関西の泳法という対立の図式が示されたのである。このような記事をとおして読者が関西人という「共同性」，「共通の感性」を確認したことは想像に難くない。さらに外国人の申し込みもあり，日本泳法と外国人の泳法との比較という興味も加わった[22]。海事思想の養成を目的とする競泳であるが，そこに流派対流派の戦いというわかりやすい対立の「物語」を挿入することで，読者の関心を集めたのである。

大会後「優勝選手の流名」[23]という記事で，完泳した7名の流派（水府流，能嶋流，小堀流，神伝流）が紹介された。そして「諸氏の到着の先後によつてその流儀の優劣を定むるは元より失当の事に相違なきも，兎に角これまで急泳に長じ遠泳に適せずとの評ありし水府流が却て遠泳に於ても他流を圧し得るの能あるを示し，次では能嶋，小堀の各流，能く関西派の代表として充分の価あるを証しぬ」と，水府流には負けたが，他の関西の流派も実力に遜色はないことを示した。こうした選手の身体技法である泳法等に関する記事を掲載することで，海事思想の養成という国家の求めに従順な「泳ぐ身体」を紙上に可視化したのである。

のちに大毎は「この十マイル競泳は近来の快挙で，わが水泳の歴史に特記さるべきものである。学校その他に水泳が盛んになり，世界的水泳選手を輩出するに至つたのは，元より時運の然らしめるところであらうけれど，本社の十マイル競泳がわが海国男子に刺激を与へ，水泳を盛ならしめるの動機となつたことは世人の認めるところ」[24]と振り返っている。

明治39年大毎は，南海鉄道の協力のもと，水練場を併設した浜寺海水浴場を開設した[25]。この海水浴場開設の契機となったのが前年の「海上十浬競泳」である[26]。つまり「海上十浬競泳」が「海で泳ぐ」という海水浴をひろめたのである。これより以後，大毎は浜寺で多くの事業を南海とタイアップして行うことになる[27]。事業を行うことで読者を動員するのは大毎の戦略であるし，南海鉄道は浜寺で事業を行うことで増収を見込むことができた。それに沿線のイメージアップにもなる。こうして浜寺海水浴場は，水泳技術の修得の場であるだけでなく，レジャー空間として発展していくことになる。

このように「海上十浬競泳」は，大阪における海水浴と水練場が結び付いた海浜レジャーの創出の契機になったといってよい。

むすび

海水浴といえば「海で泳ぐ」というイメージが強いのではないだろうか。しかし，もともと海水浴は温泉につかるように海水につかることだった。「海で泳ぐ」というイメージを創出したのは海水浴と水泳を結びつけた「海国日本」の軍国的風潮である。

日露戦での勝利を背景に大阪毎日新聞社が主催した「海上十浬競泳」は，

読者にわかりやすい「物語」を提示したり，観覧の便宜を図ったりし，紙面を通じて多くの読者を競泳への興味に動員することに成功した。メディア・スポーツ・イベントによって「海国日本」という「共通のイメージ」が伝えられたのである。「海上十浬競泳」を紙上でも体験した読者は，そこに「海国日本」を支える「泳ぐ身体」をみることができたのである。

それにくわえ，「海上十浬競泳」は「海で泳ぐ」海水浴のイメージをひろめる役割を果たした。この「海上十浬競泳」を契機に海水浴場と現在も続く水練場が継続的に開設されたからである。つまりメディア・スポーツ・イベントが海水浴と水泳が結び付いた海浜レジャー創出の一つの契機となったのである。

メディア・スポーツ・イベントは，このような「共通のイメージ」，いいかえれば「共通の感性」を伝える機能を果たしたのである。

（松浪　稔）

註

1）メディア・スポーツ・イベントとは，①メディアによって企画，演出されたスポーツ・イベント，②メディアに大規模に中継され，報道されるスポーツ・イベント，③メディアによってイベント化されたスポーツ的事象をさすこととする。吉見俊哉「メディア・イベント概念の諸相」津金澤聰廣編著『近代日本のメディア・イベント』同文館，1996年も参照されたい。

2）メディアとは情報を大衆に向けて媒介する活動，それを行う組織や団体，それらを支える情報媒体（新聞，ＴＶ，ラジオ，インターネット）などをさす。人とモノ，人と情報をつなぐ媒介となるのがメディアである。

3）「『天使の歌声』実は『口パク』」朝日新聞，2008年８月13日

4）「五輪報道がんじがらめ」朝日新聞，2008年８月15日，第２面

5）拙稿「日本におけるメディア・スポーツ・イベントの形成過程に関する研究」『スポーツ史研究』第20号，2007年，pp.51－65。拙稿「草創期のメディア・スポーツ・イベントの実態」『文藝と思想』第72号，2008年，pp.19－33

6）小口千明「日本における海水浴の受容と明治期の海水浴」人文地理学会『人文地理』第37巻第３号，1985年，pp.23－37

7）「海水浴」『幼年雑誌』第２巻第15号，明治25年８月。なお，本稿の引用文中の旧字は新字に改め，便宜上句読点を加えた。

8）トク・ベルツ編，菅沼竜太郎訳『ベルツの日記　第一部上』岩波文庫，1951年，p.62。（　）内引用者註。
9）小國久左衛門「海水浴に誘う文」『幼年雑誌』第4巻第18号，明治27年9月
10）花田信雄「海水浴」『少年世界』第11巻第8号，明治38年6月
11）海国男子「寄書　水泳奨励論」『少年世界』第11巻第10号，明治38年8月
12）佐々木隆『日本の近代14　メディアと権力』中央公論新社，1999年，pp.129－130
13）小野秀雄『日本新聞発達史』大阪毎日新聞社・東京日日新聞社，1922年，p.250
14）井川充雄編「新聞社事業史年表」津金澤編著，前掲書1），p.351
15）毎日新聞社社史編纂委員会編『毎日新聞七十年』毎日新聞社，1952年，pp.68－71。奥武則『大衆新聞と国民国家』平凡社，2000年，pp.44－67など
16）拙稿「草創期のメディア・スポーツ・イベントの実態」，前掲5）
17）「海上十浬競泳」大阪毎日新聞，明治38年7月25日，第1面
18）のちに国際連盟事務局次長，ＩＯＣ委員，イタリア大使，フランス大使などを務めた。
19）「海上十浬競泳　大競泳の成効」大阪毎日新聞，明治38年8月22日，第7面
20）「今回の大競泳は選手その人の技倆よりも寧ろ事実上各流の争ひだから尚更面白いです」（「海上十浬競泳　瀬戸保三氏の談」大阪毎日新聞，明治38年8月9日，第7面）。
21）「東京法科大学生の加入」大阪毎日新聞，明治38年8月11日，第9面。杉村のいう水府流は水府流太田派である。水府流太田派の達人で，後に東京高等師範学校で水泳を教授した本田存が杉浦の付き添いを務めた。杉浦自身は水府流太田派を中心に諸派を統合した高師泳法といわれる泳法を習得していたと考えられる。現在では水府流水術と水府流太田派は別の流派として公認されている。
22）神戸の外国人ミュラー氏が申し込んだことを受けて「距離の長きに於て既に大競泳といふべく更に実質に於ても洋の東西を引くるんでその技を闘はすの大競泳とぞなんぬ」（「又又外人の申込」大阪毎日新聞，明治38年8月9日，第7面）との記事が掲載された。ミュラー氏は実地試験に参加したが途中でリタイアし，選手には選抜されなかった。
23）「優勝選手の流名」大阪毎日新聞，明治38年8月23日，第7面
24）大阪毎日新聞社編『大阪毎日新聞五十年』大阪毎日新聞社，1932年，p.186
25）この浜寺の水練場は大正11年に浜寺水練学校と改称し，現在も毎日新聞大阪本社事業として継続している。
26）「本社は翌三十九年六月に浜寺海水浴場を開き，水練学校等を設け，海事思想を鼓吹し，自来二十五年，逐年盛大に赴きつつあるが，その起源を遡ればこの十マイル競泳に跡づけられるのである」（大阪毎日新聞社編『大阪毎日新聞五十年』，pp.186－187）。

27）関西中等学校連合庭球大会や活動写真大会，学生相撲大会，飛行船の飛揚など。

その他の主要参考文献

・アラン・コルバン，福井和美訳『浜辺の誕生』藤原書店，1992年
・アラン・コルバン編著，渡辺響子訳『レジャーの誕生』藤原書店，2000年
・木下秀明『スポーツの近代日本史』杏林書院，1970年
・ジョン・アーリ，加太宏邦訳『観光のまなざし』法政大学出版局，1995年
・角山栄・川北稔編著『路地裏の大英帝国』平凡社，1982年
・橋爪紳也『海遊都市』白地社，1992年

5 開かれた身体

—自・他の共存と融合を可能にする身体—

はじめに——「開かれた身体」とは

8月24日，17日間におよぶ北京オリンピックが幕を閉じた。開幕前からチベット自治区における民族問題，急激な経済発展に伴う深刻な環境汚染の問題など，数多くの問題を抱えて無事に開催できるかどうか危ぶまれた中でのオリンピックであった。

今回のオリンピックでは，随所に「中華人民共和国」という「国家」の意志が強烈に出されており，その中で「国家」により管理・統制された国民の「身体」という側面が数多く見出された。開・閉会式のショーを演じる膨大な数の人々の「動き」も「外見」も見事なまでに統制された「身体」をはじめ，金メダル奪取を至上命令とされて長期間家族とも離れて最高のパフォーマンスを発揮するように鍛え上げられていったアスリートの「身体」など，国家の掲げる一定の目標のもとに開発され，利用される「近代的身体」が数多く見受けられた。

「近代的身体」，それは社会の近代化の中で作り出された身体観である。欧米を中心にして進められた近代化は，人間が生存する世界のあらゆるものを人間の理性を中心にした合理主義のもとに捉える考え方を浸透させていった。そこでは人間の身体も自然も「物」として捉えられてその存在のあり方が解剖学や物理学や天文学等の科学によって解明され，「国家」にとって役立つ素材として様々な技術を通じて開発され，そして経済的合理性のもとに利用されてきた。そうした中で，自己と他者を区別し，その自己の「身体」を一定の目標に応じて開発し，理性のコントロールのもとに管理することをよしとする「近代的身体」観が形成されたのである[1)]。その「近代的身体」は，自己と他者を完全に切り離して自分の理性の管理下に置くという意味では，自己を囲い込んだ「閉じられた身体」ということができる。

そうした近代的な「閉じられた身体」の問題性は，20世紀の後半以降に様々な形で現れてきている。その一つは，社会が複雑化し心と身体への様々なストレスが増えるにつれ，身体と心のアンバランスを拡大させてその両方にひずみを引き起こし，身心ともに崩壊させかねない深刻な状況として現れてきている。また一方で，オリンピックを頂点とする競技スポーツの世界では，トップ・アスリートの身体がトレーニング科学やスポーツ医科学の最先端の研究成果を取り込んで徹底的な分析と加工と管理をほどこされ，完全に「サイボーグ化」あるいは「モノ化」した身体へと造り上げられる状況へとエスカレートしてきている。そして，ついには様々な形でドーピングされた身体の登場にまで到っている。

こうした近代的身体の問題の深刻化が臨界点にまで到っているといわれる現在，そうした身体観のパラダイムの見直しが様々な観点から試みられるようになってきている。その際のキーワードの一つとなっているのが，「開かれた身体」である。

「開かれた身体」とは，稲垣正浩氏が近代的な「閉じられた身体」に対比させて提示した概念であり，ウルトラモダンといわれる現代の新たな身体観を考える視点として提示したものである。それは，自己の意識のもとにコントロールされる自閉した身体というものを超えて，自己という意識が完全に消去されてしまったのちに到来する，自然と自己とが融合して一つになって自他の区別がなくなってしまう境地において現出する身体であるという[2)]。そうした境地は，禅の思想と深く結びついた武道における最高の境地にも通じるものでもあり，また競技スポーツのトップアスリートが最高のパフォーマンスを発揮する時の境地とも類似している。

本小論では，この「開かれた身体」というキーワードのもとに，近代的身体観では説明することのできない，身体のもう一つの側面に光を当てて身体のもつ可能性について考えていってみたい。

1　自己の意識のコントロールを超えて動きだす身体

スポーツ選手が競技において「心・技・体」のすべてが最高に整えられた

状態で自分のもてる力をその潜在的な能力も含めて最大限に発揮している状態のことは，一般に「ピークパフォーマンス」と呼ばれる。スポーツ心理学の知見によれば，こうしたピークパフォーマンスは覚醒水準（緊張状態）が最適な時に現れるといわれている[3)]が，その水準は様々な条件によって微妙に異なるものであるし，また，選手がそうした最適な状態を常に意識的にコントロールして作り出すことも，非常に難しいことである。そのことは，世界的なトップアスリートでさえもあらゆる試合において常にピークパフォーマンスを発揮することができる訳ではない，という事実からも容易に想像できる。

実際の試合においては，選手は微妙な心の働きから起きてくる様々な精神状態・感情を経験することが多い。それは緊張，興奮，不安，迷い，欲，萎縮，あきらめ，無心などといった言葉で表されるものであり，それらの精神状態はパフォーマンスに大きく影響するという[4)]。中でも競技者にとって重要と位置づけられる試合ほど，大きなプレッシャーによって心の揺れ動きが生じやすくなる。そうした大きなプレッシャーのかかる場面で心身の最適な状態を意識的に整えることは非常に難しいことである。ピークパフォーマンスに関する研究者であるガーフィールドによれば，ピークパフォーマンスを経験したことのある競技者の多くは，その際の最適な精神状態は意識的にコントロールして作り出せたというよりも，自己のコントロールを超えたところでもたらされたといった内容のことを語っているという[5)]。

また，スポーツ心理学の研究者である杉原は，その著書の中でピークパフォーマンス時の精神状態について「無念無想，明鏡止水の境地，フロー，集中の繭，プレーの歓喜などと表現されてきた」[6)]と述べている。このことは，昔から武道における最高の境地とされてきた心の状態と競技スポーツにおけるピークパフォーマンスの精神状態とがほとんど同じ地平にある，と考えることを可能にさせるものである。

武道の精神性は禅の思想の影響を強く受けているが，そこでは人間（自己）と自然（他者）との調和を求めていかにして一体化するか，つまり「私」という意識をできる限りなくして（こころを無にして）自己と他者の区別のない自他融合の境地，「無」の境地に到達することが目標とされてきた。そうした境地に到った時に初めて人間の意識的なコントロールを超えて身体が自在に動きだし，それが最高の動きとなるというのである[7)]。

武道にせよ，近代的な競技スポーツにせよ，その道を極めて最高の能力を発揮する状態に到る時に，人間の支配を超える身体，つまり意識によるコントロールを超えたところで動きだす身体が現れるということは，「開かれた身体」ということを考えていくうえで非常に示唆的である。

2 「ゾーン」状態――無意識が働きだす身体

近年，上述した意識のコントロールを超えたところでピークパフォーマンスが発揮される時の心理状態を表すものとして「ゾーン（Zone）」という言葉が用いられているが，それは精神集中が極まった時に入るまさに非日常的で，神がかり的な状態であるともいえる。つまり，プレー中のアスリートが，プレーそのものに対する精神集中状態をピークまで高めていった時に「このようにしよう」といった自我の意識がなくなっていき，その結果身体そのものが無意識的に動いて，それまでに身につけた最高のパフォーマンスが発揮されるというのである。こうしたゾーン体験については，これまでにいろいろな種目のトップアスリート達が様々な表現を用いて語っている。

例えば，1981年の全米プロゴルフ選手権で優勝したD.グラハムの場合，最高のプレーをしたその時の様子を「ゾーン」の状態に入ったと捉え，その感覚を次のように報告している。「あらゆることが夢見心地で静かに経過し，まるで催眠術にかかったような感じになり，そのくせ心も体も完全にコントロールされている」。また「精神的にも肉体的にもまるで自動操縦されているような感じ」であり，「バッグからクラブを引き抜き，ただスイングするだけで，イメージどおりの球が飛んでいくといった具合であった」という[8)]。

1996年のアトランタオリンピックの中国戦において逆転勝利のシュートを決めた，当時の日本女子バスケットボールチームのエース・萩原美樹子選手の場合，「目の前で起こっているプレーに集中できて…，その時何を考えていたのかまったく覚えていません」[9]と語っている。

また，多くのトップアスリートを対象にそのピークパフォーマンスの体験について調べたガーフィールドも，多くの選手がゾーンに入った時の状態について「忘我の境地」，「恍惚状態でのプレー」，「自動操縦のように動く」，「動きに身をまかせる感じ」などといった，同様な独特の感覚を語っていると報告している[10]。

こうしたゾーン状態に入ったトップアスリートの体験に共通するのは，頭（意識，理性）のコントロールを超えて動き出す身体が現れるということである。つまり，人間の身体には「もの」として理性の管理下に置かれるという側面の他に，「主体」の意識のコントロールを超えたところで無意識によって動きだす側面があると考えられるわけである。では，そうした無意識が働きだす「身体」の側面というのは，意図的に切り開いていくことができるものなのであろうか。

上述したガーフィールドの研究の中では，その調査結果からピークパフォーマンス時の心理的特徴について８つの特徴が抽出され，それに基づいてピークパフォーマンスに到るためのメンタルトレーニング・プログラムが提唱されているが，その中で「心を自由にする」ことが特に重視されている。つまり，彼の研究では，ピークパフォーマンスが発揮されるゾーンの状態に入るためには心と身体に対する意識的なコントロールをなくし，直感や無意識に従って身体が自動的に動くように準備することが特に重要と捉えられているのである[11]。

彼はそうした状態に到るための具体的な方法として，多くの心理学的研究成果に基づいた方法を用いるとともに，武道やヨーガといった東洋的な身体技法における瞑想や呼吸法にも大きな価値を置いて取り上げている。このことはゾーンの状態に入るための方法の一つとして，自他融合の境地（無心の境地）を目指した武道やヨーガ等の身体技法が大きな価値をもっていることを示唆している。これらの瞑想や呼吸法を重視した身体技法は，「瞑想系身体技法」と総称されるものであるが，その内容は近代的な科学的トレーニングとはその理論も活動内容も大きく異なるものである。以下では，その瞑想系身体技法に関して詳しくみていくことにする。

3 「瞑想系身体技法」によって開かれる身体

瞑想系身体技法とは，「瞑想」を主軸にして展開される身体技法の総称であり，宗教的行のみならず武術や舞踊や健康法などの様々な分野で多種多様なものが考案され伝承されてきている。具体的な例としては，ヨーガや仏教の坐禅や修験道の御籠り，太極拳や少林拳や剣術や弓術，気功やメディテーション系のボディーワークやダンスセラピー等々，数多くの種類がある。これらの具体的な活動内容はそれぞれに特徴のあるものであり異なっているところが多いが，それらのほぼ全てに共通した技法が「呼吸法」である。

呼吸は，その緩急長短を意識的にコントロールすることもできるし，また熟睡状態にある時のように自律神経の働きによって無意識下で行われるものでもある。また，呼吸は単に空気の出し入れだけではなく，インドでは「プラーナ」，中国や日本では「気」と呼ばれる自然界における未知の生命エネルギーの身体内への出し入れを行うものでもあるという。こうした意識と無意識の両方に関わってその両者の働きのバランスを調整するとともに，身体内での気（プラーナ）エネルギーの流れを整える役割を果たしているのが「呼吸」であり，その働きを整えることがより深い瞑想を行うために重要な役割を果たすという。数ある瞑想系身体技法の中でも特に呼吸に関する技法を重視して発達させてきたヨーガでは，その長い歴史の中で60種類を超える呼吸法が工夫されてきている[12]。

瞑想は，こうした呼吸を整えて心を静めて行うのであるが，その際に神や自然などの一定の対象に対して意識的に精神集中をしていくことが基本となる。そして，その集中状態をどんどん深めていってその極限にいきつくことにより，集中する対象（客体・他者）と集中するもの（主体・自己）の区別がなくなり，自我意識が脱落して主客（自他）が一体となった直観的な意識状態が生じてくるといわれている[13]。そうした状態は「無」や「三昧」や「無念無想」などと呼ばれ，ヨーガや禅をはじめとした多くの瞑想系身体技法における究極の目的とされているが，これこそ近代的な「閉じられた身体」の対極にある「開かれた身体」の極めつきの姿であるともいえよう。

このような瞑想系身体技法における呼吸や瞑想を通して開かれていく状態は，すでに述べたアスリートがピークパフォーマンスを発揮する際の心理状態である「ゾーン」に極めて類似している。こうした点に注目して，競技スポーツのメンタル面の指導の中に禅やヨーガの身体技法や思想を取り入れている例として，先にあげたガーフィールド以外にアメリカのガルウェイなどをあげることができるし，日本でも福島大学の白石豊氏が行っている独特の指導法はその代表的な例だといえる[14]。

また，こうしたピークパフォーマンス発揮のために瞑想系身体技法を利用するという例は，競技スポーツ以外にもフリーダイビングのパイオニア的存在であるジャック・マイヨールの場合にもみられた。マイヨールは，そのトレーニングの中に瞑想や呼吸法といった坐禅とヨーガの技法を取り入れて「身体」のもつ潜在的な可能性を開いていき，それまでの科学（生理学）の定説では不可能といわれたレベルを大幅に超える水深100mを人類史上初めて突破したのである。彼は実際に深く潜る際に，まず船上で呼吸法と瞑想によって身体を整えてからゆっくりと海に入っていったというが，それはみずからを自然（海）と一体化させるために彼が編み出した創意工夫だったという[15]。この点においても，自他の融合する「開かれた身体」のもつ意味がうかがえるであろう。

4　自然と交流することで開かれる身体

これまで瞑想系身体技法によって開かれる身体について詳しくみてきたが，そうした身体技法と身体観はトップアスリートや人間の能力の限界を極めようとする人達ばかりではなく，多くの一般の人々にも健康や心身の調和の回復という関心のもとに注目されるようになってきている。具体的には，「ボディーワーク」や各種の野外活動などがその例としてあげられるが，いずれも人間を身体と心と魂が一つに統合された全体性をもつホリスティックな存在として捉え，生きた力に満ちた（気の充満した）自然と交流することで身体の潜在的な可能性を開いていこうとするものである。

例えば，「ボディーワーク」は人間をホリスティックな存在として捉え，身体にアプローチしていくことによって人間の全体的な統合をはかり，身体の自然性を回復させる代替療法（alternative methods）に関わる身体技法の総称[16]として捉えられるものであるが，そこでは生きた自然との交流ということも大きなポイントとされている。それ故，気の充満している生きた自然と呼吸や瞑想を通して交流し一体化していくという内容をもつヨーガや気功や禅などの瞑想系身体技法も，ボディーワークの主要な方法の一つとして取り上げられているのである[17]。

また，自然の中で自然の影響を受けながら行われる野外活動は，初期のうちはキャンプやハイキングなどの野外で行われる教育的・スポーツ的活動が中心であったが，近年ではスポーツ的活動だけでなく，自然環境の中で自然を利用し，自然を理解し，自然に親しみながら展開される更に広範囲な活動をも含むようになっている[18]。そうした広がりの中で，森林浴やアメリカのコーネルによって創案された「ネイチャーゲーム」[19]も注目されるようになってきたのであるが，それらは生きた力に満ちた自然と身体の感覚をフルに働かせて「じか」に交流し感応し合うことを通して，身心のバランスを回復させて内面を変化させていくことをねらいとしたものである。

上述のボディーワークにしても野外活動にしても生きた自然と交流するということが重視されている点で共通しているが，そうした活動にとって自然という他者と共存し融合していくうえで基本となる「開かれた身体」という視点が重要となることはいうまでもないであろう。

おわりに

これまでみてきたように，本小論では「開かれた身体」という身体の捉えかたを基軸にして，近代的身体観においては扱われてこなかった身体の側面のもつ可能性について幾つかの視点から検討してきた。

近代は身体や自然も含めた人間社会のあらゆるものを科学の対象として解明し，開発し，コントロールすることを是とし，科学的に解明できないことを「非科学的」なものとして否定し排除してきた。しかし，ピークパフォーマンス発揮時の例や瞑想系身体技法の例で考察したように，身体には自己の意識のコントロールを超えて無意識的に動きだすという，これまで語られてこなかった非日常的な特殊な側面があることも否定することのできない事実である。そうした身体の側面の現出にとって，自己を「閉じて」いって他者を否定するのではなく，自我意識をできるだけおさえていって他者（自然を含めた）と交流し融合していくこと，つまり「開いて」いくことが重要であることが本小論の中で明らかになったといえよう。

それ故，近代から後近代へと時代が移行していっている現在，そこでの新たな「身体」のパラダイムを構築していくうえで，近代的思考においては否定され語られてこなかった「開かれた身体」という側面のもつ可能性をより明確にしていくことが今後さらに重要になってくるものと思われる。

（松本芳明）

註および参考文献

１）「近代的身体」の概念については以下の文献を参考にした。稲垣正浩『身体論―スポーツ学的アプローチ』叢文社，2004年，pp.111－130。松浪稔「近代的身体と甦かれる身体」三井悦子編著『からだ論への扉をひらく』叢文社，2006年，pp.148－165

２）稲垣正浩，前掲書１），p.24

３）杉原隆『運動指導の心理学』大修館書店，2003年，p.173

４）杉原隆，同上

５）チャールズ・A・ガーフィールド&バル・ジーナ・ベネット『ピークパフォーマンス』ベースボール・マガジン社，1988年

６）杉原隆，前掲書３），p.178

７）湯浅泰雄『気・修行・身体』平河出版，1986年，pp.34－62

８）デビッド・グラハム『ゴルフのメンタルトレーニング』大修館書店，1992年，p.126，130

９）白石豊『実践メンタル強化法』大修館書店，1997年，p.219

10）ガーフィールド，前掲書５），pp.28－36

11）ガーフィールド，前掲書５），pp.173－174，193－211

12）松本芳明「ヨーガする身体」竹谷和之編著『バスク民族のスポーツ文化政策に関する総合的調査研究』（平成16～19年度文部科学省科学研究費補助金・基盤研究B研究成果報告書）2007年，p.34

13）佐保田鶴治『ヨーガ根本教典』平河出版社，1973年，pp.47－48，117－118

14）W.T.ガルウェイはヨーガや禅の研究を基に独特の「インナーゲーム理論」を構築して多くの選手・指導者に影響を与えた。彼の著作には『インナーゲーム』1976年，『新インナーゲーム』2000年（いずれも日刊スポーツ出版社）など多数のものがある。また白石氏は専門であるスポーツ運動学の理論と方法のうえにヨーガの思想と技法を応用した独特の指導法を構築し，数多くのプロスポーツ選手やアマチュアのトップアスリートのメンタルコーチとして指導してきている。白石氏の代表的著作には『スポーツ選手のための心身調律プログラム』大修館書店，2000年，などがある。

15）ジャック・マイヨール，関邦博訳『イルカと，海へ還る日』講談社，1993年。成田均「思い出の言行録」竹谷和之編著『ジャック・マイヨールの遺産』叢文社，2007年，pp.133－135

16）山口順子「ボディワークの現在」『体育の科学』48巻２号，1998年，p.92

17）「ボディワーク」は，1960年代以降に起こるアメリカ・カリフォルニアのエサレン研究所を中心としたヒューマン・ポテンシャル・ムーブメントをきっかけとして関心の高まりと広がりが生じたものであるが，そこでは人間の潜在能力の開発を目的として数多くのボディワークの方法が生み出される一方で，古くからある東洋的な瞑想系身体技法もボディワークの重要な方法として位置づけられたという（宝島編集部編『ボディワーク・セラピー』JICC出版局，1992年，参照)。

18）稲垣正浩「野外活動」『日本語論』２巻10号，1994年，pp.100－101

19）J.B.コーネルが1979年に創案した「ネイチャーゲーム」は，自然とじかに触れ合う体験を通して，自然への気づきと自分の内面への気づきを促すことが目的とされている。その具体的な活動の特徴は，自然を認識する際に思考を通して知識として認識するのではなく，意識的なコントロールを超えたところで身体の感覚を総て働かせてじかに体験し，自然との一体感を持って理解しようとする点にある。詳しくは，J.B.コーネル，吉田正人他訳『ネイチャーゲーム１　改定増補版』柏書房，2000年，を参照。

6　身体のイセゴリアについて

はじめに

古代アテナイには「言論の自由」を一語で指す言葉があったという。イセゴリア（ἰσηγορία）である。辞書をひくと「同等な言論の自由」とある。イセはイソスからきており，平等を意味する。ゴリアは，アゴレウオから派生しており，さらにアゴレウオは広場や公共を意味するアゴラにさかのぼる。アゴレウオは，広場とか公共の場に出て行って自由に話すという意味がある。したがってイセゴリアは，誰もが平等に公共の場でしゃべる自由がある，ということになり，市民的自由とも説明されている。

興味深いのは，その「言論の自由」を「守る」という発想はなかったということである。私はこのことを小田実によって知った[1)]。「言論の自由」はもつものでもなければ守るものでもない。「言論の自由」は行使するものだ，と考えられていたという。また小田はこうも言っている。ギリシア語の辞書では動詞の見出しが不定型ではなく一人称単数で並んでいる。ここからもわかるように，「私が～をする」という思想がギリシアの文化の基礎にはあると。なるほどそうならば，すべて「自由」とは，「ある」とか「もっている」ではなく，「行使する」「～である」という意味を含みもってはじめて「自由」と言えるのであろう。

1　身体の自由――あるいは自由の身体

では「身体の自由」とは何だろう。と，問おうとすると，それとは正反対のことが私たちのまわりにあふれていることに気づく。縮こまった身体，硬く閉ざされた身体，従順な身体，画一化した身体，加工される身体。その身体で生きている私たち人間。身体の上に生じているひずみは，人間存在の危うさを表している。そして，押しつぶされてなるものかと必死に叛乱する身体も，また別種の窮屈さを表現している。たとえば，執拗なまでの健康志向，摂食障害，気軽に入れるタトゥーや過剰なまでのピアッシングなど。今，悲鳴を上げている身体[2)]が悲鳴さえ上げられなくなる前に，いそいでその不自由になってしまった身体が発している声，発信しているメッセージを受け止めることから始めなくてはならないだろう。理性や精神よりも一段下に置かれてきた身体に光を当てる。そして，身体から発信することへ，と。身体がおこなうことに信を置くこうした立場が，スポーツ学にだけではなく「人間の学」には欠かせない。なぜなら，私たち人間は，何よりもまず身体的存在なのであるから。

さて，問題を元に戻そう。不自由な身体から自由な身体へ。先ほど述べたイセゴリアの思想，つまり実行することが「言論の自由」であるという考え方をここに当てはめてみるならば，身体の自由とは「身体の自由を行使すること」となる。身体の自由を取り戻すとか，身体の復権をうたうことではない。ただ実直にそれをおこなうことにある。行為そのもの，あるいは実行体としての存在，それが自由ということである。ここでことわっておきたいのは，「私が〜する」という前提があるイセゴリアの思想を借りたからといって，「身体の自由」が，「私が私の身体を自由にあやつる」ということを表しているわけではないという点である。ギリシア語では，一人称の場合はふつう主語を書かないし言わないという。主語を明記しないことの意味をどのようにとらえるかは別稿に譲ろう。ここではむしろ，自由の身体「であること」，それを身体のイセゴリアの重要な要素と理解しておきたい。「身体の自由」あるいは「自由の身体」は目的語も要しない。〜でいる，〜である，という現在形のありのままの存在状態こそが自由の根拠である。

ではつぎに，「自由の身体でいる」「ありのままの身体でいる」とはどういうことか。最近の身体論の研究成果からその手がかりとなるキーワードは見出すことができるだろう[3)]。たとえば，「ひらかれている」「触れる」「じか」など。これらに共通することは，意識によって制御可能な身体とは別の，科学的な知を越えて存在する「もうひとつの身体」の存在を認めることにある。またわが国でははやくに，野口三千三が意識にのぼらないままの働きこそ人間の本来の生であるとし，その無限の可能性を自分自身の身体の動きを手がかりにして発見しようともしてきた[4)]。こうした考え方に刺激されながら，「自由の身体」の世界に分け入ってみよう。

2　意識以前

意識より先に身体が動く，ということは何げない日常にもたしかにある。目が行く，手が出るなどの言葉はその状況をよく表している。こういう内発的な動き方が，身体の自然，人間の本来の姿かもしれない。

続いて，意識以前に何かが動きはじめたひとつの例をあげてみたい。

ヨーガの基本的なアーサナ[5)]を１時間ほどおこなったあと，全身を床になじませるように横たわる。ゆったりと両脚をひらき，両脇も軽くひらいて腕ものびやかに。首の裏側を伸ばして，顔に緊張があれば動かしてこわばりをほどく。ほかにも緊張している部分に気づいたら，吐く息で力を抜いていく…。しばらくして…微笑んでいる自分にふと気づいた。気づいたとたんに涙があふれて流れた。微笑んだのは身体であり，気づいたのは意識である。微笑みは意識の前にあり，涙は意識の後にあった。もちろん泣こうとして涙を流したわけではない。したがって，涙は意識の「そと」にあったというべきか…。

「意識以前」や「そと」では何が起っていたのだろうか。今いちど注意深く想起してみよう。そのとき，体調はどうだったか，どんなアーサナをして，どのポイントでどのあたりがどう感じ，どう動いたか。できるだけ記憶をたどってそのときのことを思い出してみよう[6)]。

まず，安定座法[7)]で座る。膝や股関節をはじめどこにも無理がかからない一番簡単な座り方である。両腕をゆったり伸ばし，肩や肘の力を抜いて，両手の甲を両膝の上に乗せる。はじめは自然な呼吸から開始し，徐々にウージャイ・プラーナヤーマ[8)]に移行する。吸う息で背骨を上へと引き上げる。吐く息で肩の力をぬき丹田を意識する。続いて吸う息で頚を伸ばすように立ち上げ，吐く息でもう一度肩の力を抜き，さらに下腹部を安定させる。尾骨の上にまっすぐに立っている上体が上へ下へと引き伸ばされる。呼吸を続けながら，力を入れるべきところにしっかり力が入っているか，必要のないところに力が入っていないかを確認していく。つまりここでは意識が先行している。意識を内側に向けることが十分にできるようになったらゆっくりと動きはじめる。片手を床に下ろし，対角線の方向に首を曲げる。目を閉じて，「視線」を首や肩や腕に向ける。こわばっている部分がある，気持ちがいい，突っ張っている…など，動きをとおしていろいろな情報を得る。こうしたいくつかの準備的な動きのあと，仰臥位，伏臥位，立位のアーサナへと移行する。変わらず意識によって動きをリードし，基本的なアーサナをおこなう。さらに，左右の骨盤が床と平行になるように，と注意を向けたり，自分にはこちら側にねじれる癖があるな，というような身体感覚やからだの厚さや薄さ，重さや軽さ，粗や密，長短などの微妙な差異に気づいては調整しながら，心地よさを探るように動いていく。

こうして呼吸と動きに意識を集中させているうちに，しだいに深い集中へと入っていく。そうすればその場所は，やがて日常とは異なる別の時空間へと変わっていく。さらに，ゆったりと深いウージャイ・プラーナヤーマをくりかえしながら，基本的なアーサナを数種類，アーサナのあいだに短いシャバ・アーサナを挟みながらおこなう。集中力を途切れさせないように，できるだけ動きと呼吸をつなぎ，バランスを崩さぬように，全体としての安定や心地よさを探していく。ひとつのアーサナのあとにはシャバ・アーサナをおこない，次のアーサナへと入っていく。各アーサナではそのアーサナがめざす部位に力を集中させ，シャバ・アーサナではその緊張を解放する。この緊張・放下をくりかえし，そして一連の動きの最後に長いシャバ・アーサナをおこなう。シャバ・アーサナ。直訳すれば「しかばね」のポーズ。日本語では「死」や「遺体」「屍」の音や意味が良いイメージをもたらさないために「安らぎのポーズ」と呼ばれることが多い。しかし，本来，死は再生である。最後の長いシャバ・アーサナによって，瑞々しいいのちが吹き込まれ，新しい「身体」として生まれかわるのである。

…そう，こうして一連のアーサナの後，シャバ・アーサナで横たわっているうちに，微笑んでいる自分に気づいたのである。いや，気づいたのはそのあと，涙が出ているのにハッとしたときかもしれない。涙が出て我にかえった，という方が事実に近いか…。

なぜ微笑んでいたのだろう。わからない。微笑んでいたのだから，よほど気持ちがよかったのだろう。なぜ涙が出たのだろう。それもよくわからない。ただ，あー気持ちいい，うれしい，と心の中でつぶやいた記憶がある。床と自分がひとつになっている感覚。それがとても気持ちよかった…ような気がする。そしてその感覚を味わっているのがなんだかうれしかった…ような記憶がある。うれしい，と心の中でつぶやいたのだから，意識以前のことではないのだろう。あるいは，意識以前に言葉が生まれることもあるだろう。私の，気持ちいい，うれしいという感覚も意識以前の言葉だったのかもしれない。そして，身体のあちこちがそれぞれの働きをやめ，「それ全体」で横たわっているあいだに，口元も頬もゆるんでいき，そういう自分の存在に「意識」が驚いた，とでも言おうか。しかし，このあとに，案の定，余計なことがついてきた。

あ，私笑っている。なぜ私は笑っているんだろう，あ，涙も出てきた…えぇ？　あれあれ，いったいどうしたの？　などと問いかけ，答えを探し，身体に起っている事実を納得のいくようにあれこれと脈絡づけたり整理しようとしてしまう。分析したり解説を加えたりしたくなる。…しばらくして，あれこれ考えるのは余計なことだ，と気づく。そして，余計なことなど考えずに，心地よい今のこの状態を味わおう，そのままでいたらいいのだ，と，これもまた「意識」してしまう。

それにしても意識以前に動いている身体を実感し，まのあたりにすると，いかに日々この身体を無視してしまっているかをあらためて思い知らされる。上にあげたような新しい体感や実感の瞬間でさえ，分析や判断をせずに，それを感じるまま，素直に受け止めることは難しい。イセゴリアは「行使すること」を前提とした。自由を実行すること，それがイセゴリアの重視するところであった。「～である」という状態を大切にすることがなくては意味をなさない。身体のイセゴリア…やはりほど遠いか…。

さて，ここまではヨーガの実践の中で，身体が意識よりも以前に姿を見せる例をあげた。それはひとつの「身体の自由」あるいは「自由の身体」といってよいだろう。そのときくりかえし「基本的なアーサナ」と言ってきたのは，深い集中へ入っていくためには，かならずしも難しいアーサナをおこなう必要はない，ということを言いたかったからである。ヨーガの行者でなければ体験できないというものではない。これはイセゴリアのイセ（平等）に関係する。つまりそれは，ある手続き―意識的な呼吸と動きとそれにつらなる集中―をふめば誰でも体験可能ということである。

その一方で，こちらの準備のいかんにかかわらず，起るべくして起る「自由の身体」がある。つぎに，それに気づくきっかけとなったバスクの記憶をたどっておきたい。

3　身体の内に書く――バスクの記録と記憶

フランスとスペインの国境，ピレネーのふもとに，ヨーロッパ最古の民族と言われるバスク人の住む地域がある。スペイン領バスク州3県（アラバ，ビスカヤ，ギプスコア）とナバラ州，そしてフランス領バスク州を合わせて「バスク」と呼ばれる。一方「バスク人」とは，地域や血筋や言語によって客観的に定義されるよりも，個人の意識による主観的定義によるものであるらしい。もし私がその地を愛し，かたことのバスク語をつなぎ合わせてそこに暮らせば，「日本出身のバスク人」としてバスク社会に受け入れられると聞く。「バスク人」とはもともと「バスク語を話す人たち」と同義であった。しかしフランコ独裁政権の弾圧によって，バスク語の使用が禁止され，その定義は意味を成さなくなった。当時はカーニバルやダンス，スポーツなどバスクの伝統文化はことごとく禁じられた。以来，フランコ政権下，長い苦渋の時代を歩むことを余儀なくされたバスクの人たち。しかし，「日本出身のバスク人」を受け入れるゆるやかな社会，しっかりとした共同体，ひらかれた人間関係が，今でもたしかにそこにはあると感じた。

2007年秋，バスク・アラバ県ビトリア市で開催された第1回日本・バスク国際セミナー（メインテーマ：「聖と俗」東洋と西洋の儀礼，遊び，スポーツ）に参加した[9)]。また，そのほかにサン・セバスティアン（ギプスコア県都），ビルバオ（ビスカヤ県都），ゲルニカ（ビスカヤ県），アライオス（ナバラ県）などを訪問し，バスク各地のスポーツ文化に接した。

ナバラ県はドイツ・シュバルツバルトに次ぐヨーロッパ第2の森林地帯，ブナと樫の深い森がある。森の生活に根ざした「丸太切り」をはじめ，バスクの人たちはペロタ，レガッタ，ダンス，石かつぎ，4ピン球戯など，独特のスポーツを楽しんでいる。バスクに固有のこれらのスポーツ，いわゆる「民族スポーツ」を知ること，そしてそれらを享受する人間とその身体は，21世紀日本を生きるわれわれと，どこが同じでどこが違うのか。セミナーの前後，バスクのスポーツを追いかけてスペイン・バスクを西へ東へと移動することになった。

ゲルニカを経て，港町ベルメオ。祭りの人気イベントのひとつ，ペロタ・マノを見る。大勢がビール瓶を片手に会場に集まってくる。ブルーの開襟シャツを着た男性が階段状の観客席前をゆったりと行ったり来たりしながら，低い声で何やら言っている。「さぁはったはった，ないか，ないかぁ」（きっとそういう意味に違いない！）どうやら賭けに誘っているようだ。タバコの煙がすごい。30年近く前の北京を思い出す。町のそう大きくはない京劇の劇場のロビーがこうだった。気晴らし。昼間の労働からの解放感。身近な，熱狂的な娯楽。人々の熱気。北京の劇場もこのペロタ場も，そこにはまさにスポーツの原義 deportare（carry away）がある。

いよいよペロタのゲームがはじまる。その日のゲームは，マノと呼ばれるペロタの一種のダブルス戦で22点先取のゲーム。マノとは手のひらを意味する。手のひらで直接，硬いボールを打つ。ラケットは使わない。スカッシュのような競技で，正面の壁と直角に接するサイドの壁を用いる。ワンバウンド以内でボールを打ち返さなければいけない。相手が打ちにくくなるように，壁のコーナーを狙って打ったり，ボールを鋭角に打ちつけるなどのテクニックも見所だが，何より，硬いボールを素手で打つ荒々しさや勇敢さがこのゲームの魅力である。観客もこれをよく知っている。後衛のプレイヤーが20mもあろうかという距離を，気合もろとも腕を振り切りボールを手のひらで打ち飛ばすと，やんやの歓声と拍手が会場にこだまする。その夜のゲームは白熱していた。息をのむラリーの応酬，全力の攻防が続く。しかも21対21にまでもつれ込むほどのシーソーゲーム。ましてやお金がかかっている。このシーソーゲームは仕組まれたものか…，そうであろうがなかろうが，白熱すればおもしろくないわけがない。一球一球に観客がどよめく。興奮は頂点に達していく。私も気づかぬうちにうっわぁー，すっごーい！　と，お尻を浮かせて叫んでいた。

これまでマノのことは文字や映像では知っていたが，目の前でじかに見るのはその日がはじめてである。石の壁にボールが当たる音，飛び散る汗，プレイヤーがウッと息を詰めて打ち返す緊迫感，壁に手を当てて痛みに耐える横顔，息づかい，全身から上がる湯気，観客の歓声，どよめき，賭けの呼び声，タバコの煙。これらがみんなそろってバスクのペロタ・マノなのだ。これまで私が知っていたのは「マノについて」にすぎなかった。それを知識として知っていただけだった。今回ここでこうして実際にマノを見，自分の手でそのボールの硬さにじかに触れて，はじめてマノのすごさを実感した。

「記述すること，描写すること，外に書くこと，すなわちディスクライブ（de-scribe）が，これまでアカデミズムの対象であり方法だった。しかし，そうではなく，刻みつけること，内に書くこと，すなわちインスクライブ（in-scribe）こそが重要なのである」これは，今福龍太氏があるシンポジウムで参与観察を批判的に説明するときに提示したことがらである[10)]。（…だから，数日間の滞在でこうした文を書くということ自体，氏の批判の対象そのものである。が，その批判を覚悟で言うならば…）ペロタ・マノを，バスクスポーツを，いや，すべて何かを知ることとは，インスクライブされることを言うのではないか。自分の身体の内に刻まれることなしに「知る」ことはありえない。身体のあらゆる感覚を総動員して，そしてインスクライブはなされる。身体の全部がカンヴァスであり絵の具であり同時にまた筆でもある。

まとめにかえて

それにしても，記憶を形成するものとは，なぜこんなに五感に基づくものばかりなのだろう。私が，「バスク」という言葉を聞いて思い出すのは，真っ先にリオハのワインの赤，嵐のあと姿を現しはじめるチンドーキの山肌と群青の空，マノのボールの硬さ，そしてハグの強さとあたたかさ。ヨーガの感覚といえば，シャバ・アーサナのあの安らぎ。ゆるみ，ひろがり，床にすい込まれていくような心地よさである。これは内部感覚といったらよいだろうか。雄大な自然や美味なるもの，人のあたたかさ，つながることの不思議，そして安らぎ。これらの何もかもが，見る，聞く，嗅ぐ，味わう，触れるという原初的な感覚によってもたらされている。こうして身体の内にかかれたものこそが，人間にとってかけがえのない記憶である。意識を超えたところで感じ，そしてインスクライブされ記憶されたものによって，また再び動かされるいのちの存在，人間とはこうした身体的存在であろう。

バスクへの旅は一昨年の秋のこと。しかしその体験は過ぎ去った過去にあるのではない。ヨーガで感じた安らぎも同じである。じかに触れて身体の内に刻み込まれた記録，身体の記憶は今につながって，ここにある。記憶の場から引き出され，書き換えられ更新されるたびに，印象はまた鮮やかになっていく。

「身体の自由」あるいは「自由の身体」は，ヨーガの実践で見られたように，深い集中の時空で周到に準備をしたのちに，迎え入れられることがある。また一方では，こちらの都合とは関係なく，前ぶれもなく向こうからやってくることがある。肩をすくめて都会の雑踏を急ぐ私に，突然，チンドーキ山のあの雄大な自然のなかに溶け込む感覚がやってくる。シャバ・アーサナで安らいだあの感覚がやってくる。身体に記憶されたその「自由」が，今のこの身体に現れて，そして，君は今自由か，とささやくのである。

（三井悦子）

註および参考文献

1）小田実『中流の復興』日本放送出版会，2007年
2）鷲田清一『悲鳴をあげる身体』PHP 新書，1998年
3）G. バタイユ『非－知』『閉じざる思考』，J＝L. ナンシー『共同－体』『声の分割』，竹内敏晴『ことばが劈かれるとき』『思想するからだ』，稲垣正浩『現代思想とスポーツ文化』『身体論—スポーツ学的アプローチ』，またこれらに影響を受けた三井編著『からだ論への扉をひらく』，スポーツ史学会第20回記念大会シンポジウム「21世紀の身体を考える」などをはじめ，主体の意志によって制御可能な身体とは別の，現代の科学的な知の枠組みでは理解不能な，しかしその存在を否定することができない「もうひとつの身体」をとりあげたさまざまな研究がある。
4）野口三千三『原初生命体としての人間』三笠書房，1972年
5）ヨーガ行法のひとつ。体位法。ひろく普及しているハタ・ヨーガでは，アーサナとプラーナヤーマ（調気法）の２つを重視している。
6）もちろん記憶というのはあてにはならない。記憶の引き出しから引っぱり出されてはじめて，「あることがら」が「記憶されていた」ということが明らかになる。つまり記憶は思い出すという行為がなければ成立しない。したがってまた，記憶は引き出されるたび書き換えられていくことにもなる。それでも，こうして，できるだけあのときの感覚に忠実に引き出してみるしかない。西谷は「体感の記憶は意識の記憶よりも」信頼できることを示唆している。（西谷修『戦争論』岩波書店，1992年）
7）曲げやすい方の脚を曲げ，会陰部にそのかかとをつける。反対側の脚を曲げてそのかかとを，先に曲げている足の甲に引き付ける。会陰部と両足のかかとの３点が一線に並ぶようにする。
8）ヨーガの調気法（呼吸法）のひとつ。腹部をへこませたまま，鼻で吸い，鼻で吐く。吸う息と吐く息を同じ長さでおこなう。空気が気管を通るのを感じながら呼吸する。
9）詳細は報告書を参照。研究代表者竹谷和之「バスク民族のスポーツ文化政策に関する総合的調査研究」平成16年度－19年度文部科学省科学研究費補助金・基盤研究Ｂ研究成果報告書，2008年
10）21世紀スポーツ文化研究所第15回月例研究会（2007年11月25日，於日本体育大学），シンポジウム「グローバリゼーションとスポーツ文化」（シンポジスト：稲垣正浩，今福龍太，西谷修）における発表。その後，シンポジウムの全容は，『IPHIGENEIA』第８号，2008年（日本体育大学大学院スポーツ文化・社会科学系稲垣研究室発行）にまとめられている。

第 2 部
民俗に立ち合う

1 舞踊の記録・保存・伝承に関する歴史的考察
―アフリカの舞踊を事例にして―

はじめに

サハラ砂漠以南のブラック・アフリカ（以下アフリカ）は，7世紀以来回教アラブ人に侵入され，19世紀にはヨーロッパの植民地支配により宗主国文化が強要され，今日では世界各国から人材，物質，情報が流入し，アフリカの伝統的な生活様式，思考法，世界観が変化している動態的な社会といえる。このような流れの中で，アフリカの伝統的な舞踊もダイナミックに変化し，時には消滅する危機に瀕しながら今日に至っている。例えば，チャドの戦闘舞踊は，戦争がなくなった今日では，地位の高い人を褒め称える時や大きな祭り等の娯楽として（遠藤，1988；200），エチオピアやケニアのレストラン（主に都市部）では，伝統的な舞踊が料理とセットになって娯楽として踊られるようになり（図1），ナイジェリアのオヤン村では，回教徒が王に就任したために，伝統的な宗教と結びついた祭りは廃止され，舞踊も踊られなくなっていた（遠藤，2007；4）。アフリカの伝統的な舞踊は，地域社会で育まれ，親から子へ，子から孫へ，口頭で受け継がれてきた。だが今日では，それを維持することが困難になってきている。しかし，新しい動きも生まれている。

図1　レストランで娯楽として踊られる伝統的な舞踊（高橋京子撮影）

個人的レベルでは，プロの舞踊家（アディス・アベバやナイロビ等）がレッスン場を開設[1)]して伝統的な舞踊を教え，国家的レベルでは，政府（ナイジェリア，エチオピア，ケニア等）が国立劇場（図2）を建設し国立舞踊団を結成して，伝統的な舞踊を保存，伝承，発展させ，技術的レベルでは，モーションキャプチャを利用して舞踊をデジタル記録することが可能になっている。筆者は，共同研究者と共に，ナイジェリアやケニアの舞踊をデジタル記録し，データの解析を行っている。

図２　ナイジェリア国立劇場（筆者撮影）

そこで本稿では，アフリカの舞踊がこれまでどのように記録，保存されてきたのか[2)]について，次の観点から歴史的考察を行いたい：１.静止画（壁画・刻画）　２.文字（書物・論文）　３.動画（フィルム・ビデオ）　４.再演（国家によって保存・伝承される舞踊）　５.立体動画（デジタル記録）。

特に，立体動画に焦点をあて，舞踊をデジタル記録することの意味や意義，またその活用法について検討する。

１　静止画（壁画・刻画）

20世紀初頭以来，先史時代の美術品が発見され，部族社会の美術研究が進むにつれてそれらの詳細が明らかになり，特に第２次世界大戦後はアフリカで膨大な先史岩面画が見出され原始美術に対する関心が高まった，といわれている。美術研究家木村重信（1975；116）は，後期石器時代，南アフリカのブッシュマンの初期の岩面画には，動物が単独に大きく描かれ，時代の経過につれて人物が登場し，狩猟，漁労，舞踊などの場面があらわれている，という。スポーツ史家稲垣正浩（1996；８）は，舞踊に関して「太古の時代に生きる人々は，突然やってくる『自然』の猛威を前にしてなすすべもなく人びとは脅え，大自然を自在に操るカミの存在を意識し，ひたすら祈り，そのカミと交信する身体技法の原点」ととらえている。また，作家大江健三郎（1975；99）は，ブッシュマンの壁画は，ブッシュマンがこの世界に生き死にすることの根源的な意味の全体であり，壁画というシンボルをつうじて，ブッシュマンすべてが，その個々の想像力を世界把握の行為において共通させたのであり，集団的想像力をとおしてみるブッシュマンの世界把握は繊細かつ豊かで静かである，と指摘している。大江のとらえ方を援用するなら，壁画に描かれた舞踊もまた，ブッシュマンにとって世界把握をする行為であり，世界観を具現化するものであり，リズミカルな身体活動をとおして集団的想像力をかきたてる有効な手段だと考えられる。

2　文字（書物・論文）

アフリカは，文字を必要としない社会であった。そのため，アフリカの舞踊は，ヨーロッパの人々によって粗野で野蛮で未開なものとして描かれるようになる。例えば，イギリスのバドミントンライブラリーの一つにL. Grove, F.R.G.S（1895）の『*Dancing with Musical Examples*』[3)]がある。アフリカやアジアの舞踊が記載されている第3章は，タイトルからすでに「野蛮な舞踊」である。この本が出版された時代は，スペンサーの進化論の影響が強く，文明の相違は，発達段階の差によるものと考え，ヨーロッパの文化を頂点にして，ヨーロッパ以外の文化をヨーロッパにどのくらい近いのか，つまり進化の段階はどの程度なのか，を考える流れがあった。L. Grove もその考えに準拠し，アフリカの舞踊を野蛮や未開としてとらえている。その後，様々な研究者が，文化相対主義や構造主義的な考え方等をもとに，舞踊に関する論文を執筆するようになる。また，文字では表現しにくい舞踊を対象に舞踊譜（図3）によって様々な地域の舞踊を比較研究した論文も発表されている。

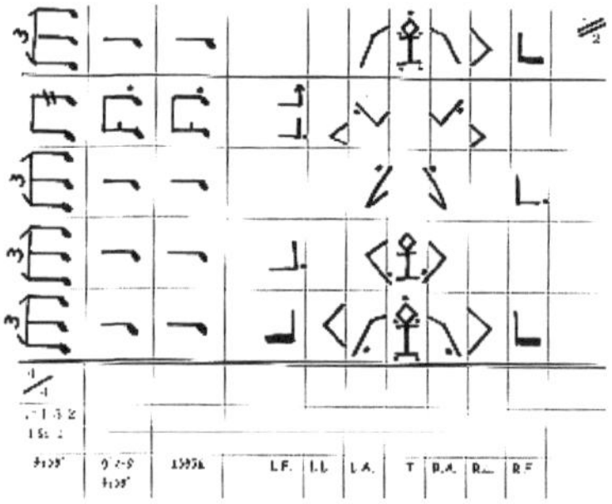

図3　舞踊譜の一例（高橋京子採譜）

3　動画（フィルム・ビデオ）

舞踊は，フィルムやビデオ等をとおして，よりいっそう理解しやすく，イメージを喚起しやすく，何度も同じシーンを再現することが可能になった。

しかし，フィルムは，舞踊や音楽を断片的にしてしまうこともあり，信頼性にかける場合もある。民族舞踊学者 G.Kurath（1960；246－247）によると，カメラ位置によって撮影場面が異なり，儀式の時には撮影ができないこともあるが，フィルムは，スピードを変え，何度も繰り返して再生することが可能であるため，動作を舞踊譜に採譜する際に有益である，と述べている。また民族舞踊学者 J.L.Hanna（1989；424）は，フィルムの利点は，1. 貴重な記録，動作データを提供する，2. 研究者が意識していなくても，フィルムに収録しようとする場面とそれ以外の場面も記録する，3. 複数の研究者が動作を分析することを可能にする，4. 動作のスピードを遅くし，必要なところで動作を止めてみることが可能になる，の 4 点をあげ，理想的なフィルム収録には少なくともカメラ 2 台以上で，舞踊全体とクローズアップの映像が記録できるようにすることが望ましい等を指摘している。さらに，研究者が，システマティックにアフリカの舞踊を動く映像によってまとめたものに，ドイツの『*Encyclopaedia Cinematographica*（フィルム百科）』[4]，日本の『音と映像による世界音楽大系』などがある。

4　再演（国家によって保存・伝承される舞踊）

前述したようにナイジェリア[5]，エチオピア[6]，ケニア[7]においても国立劇場が建設され，国立舞踊団が結成され，様々な機会に伝統的な舞踊が踊られている。つまり当該政府が，伝統的な舞踊を保護し，保存しようと様々な機会に再演を行っているのである。ナイジェリアにおいては，アフリカの各国にナイジェリア独自の文化を紹介する必要性があったため，エチオピアにおいては，国民のアイデンティティ形成の一環として，ケニアにおいては，外国人観光客からの外貨獲得のために国立舞踊団が結成された。このように舞踊団の誕生経緯は多少異なるが，今日においては，舞踊団による舞踊公演は，人々に国を意識させ，国の伝統に価値と誇りをもたせ，国民としての結束を促すことが考えられる。換言すればそれは，芸術を提供するばかりではなく，国民としての自覚や結束を促す「文化的な装置」としての機能が窺える。

5　立体動画（デジタル記録）

冒頭でも述べたように筆者は，アフリカから舞踊家を日本へ招聘しモーションキャプチャを利用して，2005年ナイジェリアの代表的な舞踊（カブル，バタ，イリアハ等），2006年ケニアの代表的な舞踊（ゴンダ，オルトゥ，キクユ等）をデジタル記録している。その方法は，以下のとおりである。

1.スタジオにカメラを設置する（図4）。2.キャリブレーションを行う。3.スーツを着衣する（図5）。4.マーカを付着する（図5）。5.デジタル記録・編集を行う。6.データを解析する。

現在おこなっている解析の視点は，1.正面，肩と腰の角度変化（図6），2.頭上，肩と腰の角度変化（図7），3.側面，肩と腰を結ぶラインの左右の角度変化（図8），4.右肩，左肩の速度変化，5.右腰，左腰の速度変化等である。

こうしてデジタル化されたデータは，コンピュータ上で様々なデータとして（図9，図10）しかもマルチアングルから再現することが可能である。この点が，ビデオ映像とは全く異なる点である。これによって，舞踊の熟達度，年齢・男女差等が明確になり，舞踊の伝承や上達に有益になると考えられている。そのため，身体の動きがより一層理解しやすくなり，舞踊動作の習得や伝達の際に有益である。筆者は，トルソーのユニット性を重要視した民族音楽学者A.Lomaxの指摘をもとにして，肩と腰の動作に着目して分析を行った。その結果，現時点で考えられることは，舞踊の熟達度は，トルソーの動かし方にあらわれる，ということである。

筆者は，2006年ナイジェリアにおいて，2007年ケニアにおいて研究成果の一部を現地で報告してきた。そしてこの成果は，現地の舞踊関係者や大学関係者そしてマスコミにおいて高く評価された。特に，ナイジェリア国立舞踊団の芸術監督Arnold,Udoka（2006；63－68）は，モーションキャプチャによる舞踊の記録は，とても重要であり，ナイジェリアにモーションキャプチャスタジオを設立することを希望し，同国立舞踊団・国立劇場CEO, Ahmed Yerimaは，「われわれはどこからきて，どこへ行くのかを知るためにもナイジェリアの伝統的な舞踊をデジタルアーカイブ化して，後世に伝えることが

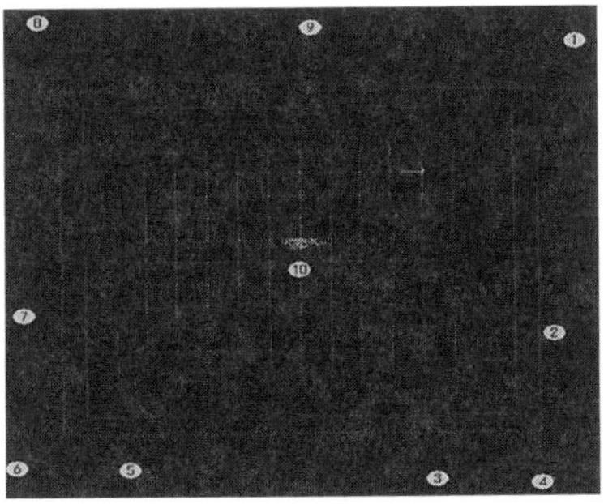

図 4　スタジオ設置されたカメラの配置例

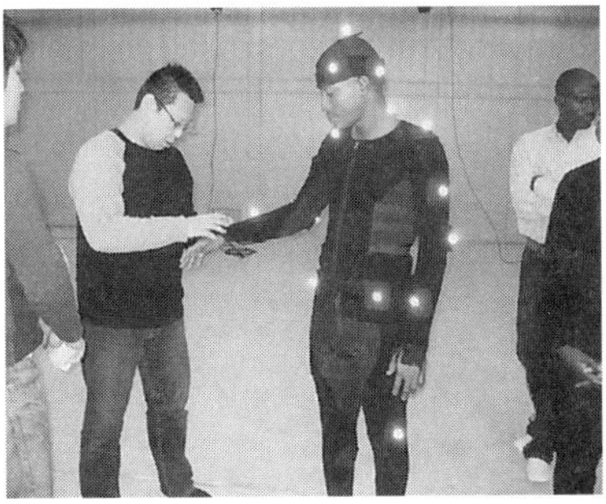

図 5　スーツを着衣し，マーカを付着する（筆者撮影）

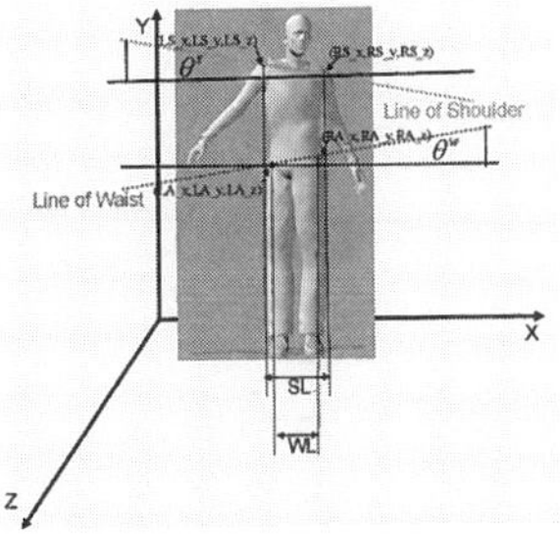

図 6　正面，肩と腰の角度変化

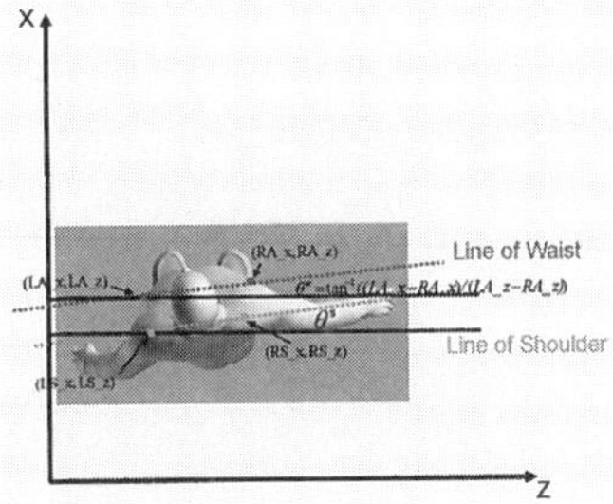

図 7　頭上，肩と腰の角度変化

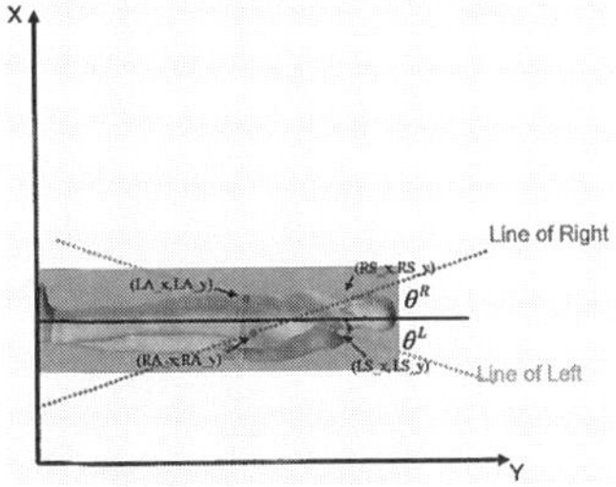

図 8　側面，肩と腰を結ぶラインの左右の角度変化

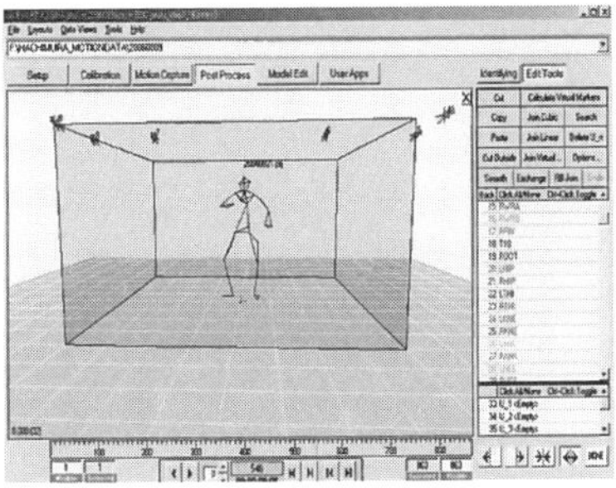

図 9　コンピュータ上に再現されたデータ

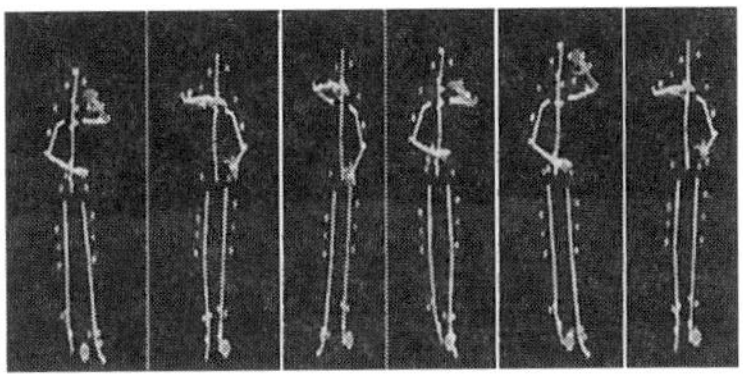

図10　スティックフィギュアとして再現されたデータ

重要である」（遠藤，2006；59）と述べている。

また，筆者の共同研究者である舞踊研究者 C.Ugolo やボーマス・オブ・ケニアの舞踊関係者は，舞踊のデジタル記録に関して次のように指摘している。

1．見たい舞踊動作を好きな角度から何度でも再現できるのは，舞踊動作を客観的に把握するのに有益である。

2．スティックフィギュアにして再現すると，動作中の身体の内部がイメージしやすい。

3．舞踊動作を他の人にどのように伝えればいいのか，ポイントがわかる。

4．ダンサーの熟練・非熟練を判断する指標の一つは，胴体の動かし方にある。

ただし，以下の課題も指摘された。

5．特別なスタジオにおいて，限定されたダンサーの舞踊しか記録できない。

6．特別なソフトウェアがなければ，データを再現することはできない。そのためデータは，一部の人に限定されたものになる。

7．舞踊には音楽がつきものであるが，音楽の録音・分析が伴っていない。

このような課題[8)]を内包しつつも，舞踊をデジタル記録することは，瞬時に消え去る舞踊を永久に記録し，マルチアングルから再現が可能であり，有益な動作データを得られることが期待できる。

おわりに

今後は，より多くの動作データを解析し，そのデータと自然環境と社会環境（生業形態，宗教，身体技法等）がどのようにかかわっているのかも考察したいと考えている。また，その動作データは，数字の羅列であるためＣＧ等の理解しやすい出力へデータベース化する必要もある。また，民族学博物館・館長松園万亀雄（2007；７－８）は，口頭伝承は重要であり，文字の文化ではないところもたくさんあるため，アフリカの博物館には独自の展示の仕方がある，と述べているように，このデータをもとに舞踊の教育・研究・

鑑賞のためのソフトウェアを制作し，博物館の展示に役立てることも可能であろう。海外では，従来の文化遺産プロジェクト（遺跡など）において，当該時代における人間の動作の様子を加えて表現するという動きが始まっている。こうした流れをみても，本研究を早急に推し進める必要があると感じている。

最後に，研究に協力いただいた関係各位，研究助成をいただいた国際交流基金，伊丹市文化振興財団，日本学術振興会（2004〜2007年度，科学研究費基盤研究Ｃ，2008年度〜５年間，科学研究費基盤研究Ｂ）に心より感謝申し上げます。

（遠藤保子）

参考文献

・Bomas of Kenya : *Kenya Traditional Dances* Tourist Maps Africa,（出版年不明；公式パンフレット）Nairobi pp.9-16

・遠藤保子「チャド映像解説」藤井知昭監修『音と映像による世界民族音楽大系解説書Ⅱ』平凡社・日本ビクター，1988年，pp.196-201

・遠藤保子「舞踊人類学研究の国際動向」日本体育学会『体育学研究』Vol.44　No.４, 1999年，pp.325-333

・遠藤保子『舞踊と社会―アフリカの舞踊を事例として―』文理閣，2001年

・遠藤保子「アフリカの舞踊研究」日本体育学会『体育学研究』第50巻第２号，2005年，pp.163-174

・遠藤保子「新しいダンス教育のために―ケニアのダンスを通して―」『体育科教育』10月号，大修館書店，2005年，pp.28-31

・遠藤保子「とっておきの話　ラゴスでのMOCAP報告会」（社）日本女子体育連盟編『女子体育』Vol.48　No.６，2006年，p.59

・遠藤保子「ケニアの舞踊―ボーマス・オブ・ケニアを中心として―」日本スポーツ人類学会編『スポーツ人類學研究』７・８号，2007年，pp.43-50

・遠藤保子「村のダンスと舞踊団」国立民族学博物館編『月刊みんぱく』５月号，2007年，p.４

・Hanna, Judith Lynne : African dance frame by frame revelation of sex roles through distinctive feature analysis and comments on field research, film, and notation *Journal of Black studies*, Vol.19 no.4 1989 pp.422-441

・八村広三郎「舞踊とモーションキャプチャーデジタル技術による伝統芸能の記録と

解析―」舞踊学会『舞踊學』29号，2006年，pp.23-26
・木村重信『原始の美術』講談社，1975年
・Kurath, Gertrude Prokosch : Panorama of Dance Ethnology *Current Anthropology* Vol.1 no.3 May 1960 pp.233-254
・大江健三郎「原始美術と集団的想像力」木村重信『原始の美術』講談社，1975年，pp.97－104
・Lomax,Alan Choreometrics : A Method for the Study of Cross-Cultural Pattern in Film , *Research Film*, vol.6,no.6 1969 pp.505-517
・松園万亀雄・緒方貞子「国際協力に民族学の知識と経験を」国立民族学博物館編『月刊みんぱく』31巻11号，2007年，pp. 2 - 9
・稲垣正浩他『図説スポーツの歴史』大修館書店，1996年
・Osawe, Shashi : Dance documentation, preservation and revival : A Comparative Study of Ugho dance of the Benis past and present, Chris E. Ugolo Ed. *Perspective in Nigerian Dance Studies*, Caltop Pub. Ltd, Ibadan 2007 pp.237-252
・寒川恒夫「スポーツ人類学のパースペクティブ」寒川恒夫編『教養としてのスポーツ人類学』大修館書店，2004年，pp.2-21
・Udoka,Arnold : Nigerian traditional dances at digital archival frontiers : prospects of the motion capture The National Univ. of Lesotho "TSEBO"2006 pp.63-68
同じ内容が次の文献にも掲載されている。Nigerian Dances Digital Archival Frontiers : Prospects of the Motion Capture Project with Ritsumeikan Univ. Kyoto,Japan, Chris Ugolo Ed. *Perspectives in Nigerian dance Studies* Caltop Publications Nigeria Limited 2007 pp.253-265

註

1）1989年，遠藤は，アディス・アベバにおいてエチオピアの代表的なダンサーであるデスタ・ゲブレが開設したレッスン場で舞踊のレッスンを受けた。詳細は，遠藤保子1992年10月「日々好日エチオピアの舞踊」連載第48回『比叡山時報』10月号，比叡山時報社参照。

2）ナイジェリアベニン大学のShashi Osawe : Dance documentation, preservation and revival : A Comparative Study of Ugho dance of the Benis past and present, Chris E. Ugolo Ed. *Perspective in Nigerian Dance Studies*, Caltop Pub. Ltd, Ibadan 2007 pp.237-252 において，アフリカ舞踊に限定せずに舞踊が記録されている歴史を壁画，書物，研究論文，フィルム，ビデオの歴史を振り返り，リバイバルとしての舞踊パフォーマンスの事例を論文としてまとめているが，モーションキャプチャを利用したデジタル記録に関しては言及していない。

3）詳細は，Lilly Grove,F.R.G.S. 遠藤保子訳「Dancing with Musical Examples」『立

命館経済学』52巻5号，2003年，pp.448-463参照。

4）*Encyclopaedia Cinematographica* は，ゲッティンゲンに本部をもつフィルム百科研究所が，アフリカの舞踊などを教育・研究の目的にフィルム収録したものである。

5）ナイジェリア国立舞踊団に関しては，遠藤保子2003年9月27日日本体育学会第54回大会一般研究発表（於：熊本大学），及び遠藤保子他2005年度国際交流基金文化財保存助成プロジェクト「モーションキャプチャを利用した舞踊動作のデジタルアーカイブ化事業」報告書参照。

6）エチオピア国立舞踊団に関しては，遠藤保子「アフリカの舞踊研究」日本体育学会編『体育学研究』第50巻第2号，2005年，pp.163-174参照。

7）ケニアのボーマス・オブ・ケニア（国立舞踊団に匹敵する）に関しては，遠藤保子「ケニアの舞踊―ボーマス・オブ・ケニアを中心として―」日本スポーツ人類学会編『スポーツ人類學研究』7・8号，2007年，pp.43-50参照。

8）その他の課題について情報工学研究者の八村広三郎は，モーションキャプチャ用スーツを着衣するため舞踊の動きに影響を与える可能性があること，表情や眼の動きも重要であるが，計測が難しいこと，手指の動作を計測することは難しいこと等，を指摘している。

2 〈棒の手〉源氏天流をめぐって

—共同体の生と死—

はじめに　武と舞

民間の武芸の代表格として知られる〈棒の手〉は，その発展過程において，およそ武芸の鍛錬とは異なる性格を帯びていた。江戸時代の中期以降，とりわけ幕末開港の時期から，むしろ社会の近代化を意識するようになって，武の要素がことさらに強調され，動揺する村落共同体の絆を強める作用を期待された，というのが以下の論考の主旨である。その保存にさほど力を入れていないようにも思われる名古屋市の〈棒の手〉の現状を分析することにより，近代以前と以後の村の平和維持機能の変化を明らかにしたい。

〈棒の手〉保存会をとりまく現状は，けっして楽観できない。それだけでは何の変哲もない六尺棒や刀に文化財として保護を加え，技を伝承する人，あるいは共同体を無視してきたから，保存活動は21世紀に入って急速に衰えた。しかし，尾張旭市や長久手町，それに豊田市の対応は違って，祭礼のときなど大いに盛り上がるという。〈棒の手〉保存会館（豊田市猿投町）という施設までできているのだが，入れ物さえ作れば伝統が保存されるということにはならない。名古屋市では市指定文化財という名目が実体を持たず，〈棒の手〉保存会に財政的な援助があたえられない。ともあれ，名古屋市でも周辺の市町村でも保存会も運営は困難であり，財政難のおりから，いずれ周辺の自治体に伝統軽視の風潮が伝わっていくことは明らかである。

本章で問題とするのは，端的にいえば，共同体の祭りで誰が主体となるのか，ということである。今回〈棒の手〉をとりあげたのは，滅びゆくものの象徴としての意味を言上げしたいからではない。滅ぶのは歴史社会のある段階に関する記憶に過ぎないが，それはいまの社会が成立する根拠となったものであり，簡単に忘れ去っていいものではない。

1　〈まきわらぶね〉と〈おまんと〉

濃尾平野に古くから伝わる夏祭りの主役が〈まきわらぶね〉（巻藁船）である。名古屋市民にとって熱田神宮の夏の祭礼でお馴染みだが，全国的に知られるのは津島神社（愛知県津島市）の天王祭のそれであろう。長い棒に縦に連ねた月をあらわす12個の提灯，椀形にあしらった日をあらわす365個の提灯を乗せた船が水面に映えて，それは印象的な風景を作り出す。スサノオ（須佐之男，素戔嗚）神の加護を期待した祭礼であり，水辺で執り行われるのが常で，悪疫退散を願い，もっぱら子どもの虫封じに利益を求めた。神仏習合によってスサノオは仏教の牛頭天王（祇園精舎の守護神）に擬されるから，天王祭の名がある。愛知県下では，明治初年のコレラ流行のおりに天王祭が広く一般に浸透した形跡がある。そもそも名古屋城下に，屋根神さまとして熱田神宮・津島神社・秋葉神社の三体をあわせ祭る習慣がある。

さて，本題である〈棒の手〉の普及と切っても切れない関係にあるのが，〈おまんと〉である（おまんとうとも書き原義は「馬の塔」という）。〈おまんと〉には本馬と俄馬という２つの種類がある。本馬は標具（だし）を仕立てた華麗な行列であり，俄馬は綱を付けた裸馬を駆けさせる勇壮な競馬である。このうちの本馬に欠かせないのが，警固（けご）の行列である。〈おまんと〉の馬を先頭にたてて村内を行進し，ときおり火縄銃を鳴らしながら気勢をあげる。〈棒の手〉の演者は武具に身を固めて警固の行列の中心となり，共同体の中核をなす神社に集結して，神前で日ごろ鍛えた技を披露するのである。本馬では，加賀藩祖の前田利家が寄贈した標具を伝える荒子の例（名古屋市中川区）が有名である。俄馬は安藤広重「東海道五十三次」の「熱田宮の宿」の画題とされ，現在も愛知県高浜市など西三河地方にその習俗が残る。

今回の論考でフィールドの場所とした川村（名古屋市守山区）には，天王さんだけを祭る小祠が，島と呼ばれるいくつかの地区ごとに祭られている。盆踊りの提灯飾りは，熱田や津島のそれと形が微妙に異なり，中途で閉じた唐傘のようで，紡錘型になっている。村の鎮守である式内社川嶋神社の境内に〈棒の手〉顕彰碑があり，源氏天流と検藤流がこの地に伝えられたことが分かる。その碑の脇には日露戦争凱旋碑と「大東亜戦争」従軍碑があり，近代日本建設にあたって，この共同体が大きな犠牲を払ったことを物語る。

川村の地内には，昭和初期に確定した住民100家族余を糾合して，太平洋戦争後半世紀を経てなお，さまざまな講の活動が残る。産業首都と詠われる名古屋市内でも稀れな存在である。住民のほとんどが菩提寺とする臨済宗の長命寺における，お盆行事の「施餓鬼」供養と松の内の「大般若」を始めとして，寺院の奉仕活動を支える弘法講，七福神の寿老人を祭る祠，御嶽信仰と習合した誕生講の碑，町場の屋根神様とのつながりを思わせる秋葉講，さらには島ごとの月参りの風習で般若心経を唱える報徳講などである。しかし，都市化の波はこの半世紀来とどめようもなく，いまや新しい住民の数が旧住民のそれの10倍にもなったといわれる。〈棒の手〉を含む地区独自の活動の基盤が失われて，それらの継続が危ぶまれている。

〈棒の手〉の分布地域は，すでに多くの報告がなされているように，尾張東部，とくに名古屋城下町を囲む農村の東北部と南西部，そして西三河の山間部と平野部に集中している。剣舞，ささら，あるいは花棒と呼ばれる民間の武技が全国に分散しているのと比べて，きわめて特徴的である。一般に尾張藩の奨励，もしくは黙認という解釈があり，10代藩主徳川斉朝（将軍家斉の弟にあたる）も城内に演者を招いて見物したと記録にある（1819＝文政２年）。また，東美濃の小木（現在の岐阜県多治見市諏訪町）に残る例もその証拠とされている。しかしながら，小木に伝わる無二流は〈棒の手〉流派中で最古の伝承を誇り，尾張から伝わったのか，美濃が先行したのかは結論できない。さしあたりここでは，幕藩体制から距離をとり，共同体としてある程度の自由を享受していた尾張・西三河の農村部の経済的・文化的自立性を，〈棒の手〉隆盛の第一の理由としたい。

2 〈棒の手〉の歴史

〈棒の手〉の記録の初出は，1553（天文22）年（もしくはその翌年）に，織田家重臣の丹羽一族で岩崎（日進市）城主の丹羽勘介氏清が，家臣の鎌田兵太寛信（名はひょうた・ひろのぶ）に命じ，猿投神社（豊田市）に〈馬の塔〉を奉納したことに求められる。猿投神社と〈馬の塔〉の結びつきを示す記録は，それより100年もさかのぼるようだから，室町期にはすでに民間の競馬や演武が盛んに行われ，名のある神社仏閣に奉納されていたわけだ。

鎌田の名による記録とは別に，織田家と直接の縁を強調するのが，（尾張地区に分岐した検藤流の名の由来であるに違いない）見当流の本田遊無である。本田は加賀の人で，1554（天文23）年に信長の前で修錬の技を披露してみせ，家中に棒術を指導したという。見当流よりも普及した検藤流の開祖とされる毛受（めんじゅ）勝助家照は，柴田勝家の家臣で，主家の没落後に故郷に戻って道場を開いたという。式部流は桶狭間の戦いの落ち武者である式部太夫が1560（永禄3）年に創始したとされるが，伝承に具体性は乏しい。起倒流の起倒治郎左衛門は，その名からして柔術との関連がうかがわれる。これら戦国時代末期の16世紀後半に世に出た先行流派の開祖たちは，基本的に武士階級に属し，実在したことに疑いはないが，あくまでそれぞれの流派内での伝承であり，彼らが開発した技がいまでいう〈棒の手〉であるかどうかは確かでない。

〈棒の手〉諸流派の中で最も古い由来を語るのは，室町時代の1390年代初期（明徳年間）に出た水野良春を流祖とする無二流である。この水野氏を始め，実際に民衆に武芸を伝えたのは，修験者とされることが多い。事実上の〈棒の手〉の元祖というべき上述の鎌田寛信は晩年に寛信坊と称し，名古屋城下東郊の蝮ガ池（名古屋市千種区）に草庵を結んで庶人に棒術を教えたとされる。武士にしても修験者にしても，これらはあくまで流派の由来書，より直接には免許皆伝の書き付けに登場するだけであって，演技の中身がこの時点，つまり16世紀以前に確立されたとは思えない。その証拠に，〈棒の手〉は槍術・棒術を中核としながら，そこに剣術・柔術・取手術などの要素を取り入れており，開祖たちもこれらの武芸を総合したとされているからである。

〈棒の手〉そのものの直接の起源は，江戸時代初期に，尾張一円，さらに西三河と美濃の一部に諸流派が分立した時点に求められるべきであろう（86〜87頁の関連年表を参照）。深田佐兵満孫（名はさひょう・みつまご）は三河鎌田流を開き（1783＝文明３年），宗家の家系は現在にいたる。最盛期に流派の数は数十を数えたが，いま保存会を名乗るのは十数派で，それぞれの流派の原点と相互の関連を探るのはむずかしい。兵農分離を推進した幕府権力の確立期において，農民の立場で帯刀が許される訳もない。さしあたりここで確認できることは，護身術として六尺棒あるいはその半分の長さの三尺棒しか使えない状況をもって〈棒の手〉が成立したと考えるべきことである。

警固の行列の火縄銃も含め，刀や槍など正真正銘の武器がことさらに〈棒の手〉演技の前面に押し出されてくるのは，幕末から明治初期にかけてである。傍証として，1873（明治６）年に「献馬，馬の塔，棒の手禁止」の県令が出ていることをあげたい（1878＝明治11年まで継続）。幕末に統制がゆるんだ農民の武器携帯がこの命令の前提である。明治維新直後の時期，全国に広がった士族の反乱，とくに濃尾平野で不穏な情勢が噂された血税一揆との関係で，農民からあらためて武器をとりあげようとしたのである。武装した農民の集団的な行進が，たとえ祭礼のにぎやかしといえども，新政府の疑念を招いたといえる。

そこから再度，時間軸が回転し，国家建設と対外侵略に活用された農村部の青年会が〈棒の手〉振興の中心となって，火縄銃の一斉射撃，それに刀と棒による立ち回りの人気が復活した。竹槍訓練にも似て，近代的なライフル銃やサーベルならぬ旧式の武器は，近代戦でいざというときの役に立つはずがない。しかし，昭和初年の川村における〈棒の手〉の流行は，村の若者が戦争に動員されることについて，その父母や家族に疑念をさしはさむ余地をなくした。つまりは，共同体の自己統制と国家主義の目標が一致したとき，武と舞に関わる民俗芸能が頂点を迎えたといえる。〈棒の手〉をめぐる歴史の流れには，その演技者だけでなく，世間的な日常と国家目的と世界経済がからんでいるのである。

3　源氏天流について

現存する〈棒の手〉の流派の中で有力なものは鎌田流や検藤流であるが，これらは仕草がゆったりとしていて舞の要素が強く，全国に散在する花棒との関係もうかがわれる。源氏天流は伝える地区が少ないとはいえ，より武芸の要素が強く，勇壮な掛け合いで知られる。文化財指定時の報告書に公開された免許の目録によれば，その流祖は源義家（八幡太郎）であり，清和源氏の嫡流である三河の吉良家（足利将軍家の分家筆頭，江戸幕府の高家）に伝えられたという。徳川家台頭の陰に隠れながら家系をつないだ吉良三郎義康（義安，1536－1659），その嫡男である吉良上野介義貞（義定，1564－1627）を経て，吉良家家臣の佐々木豊貞と同姓の豊雄に受け継がれ（両名も親子関係か），最後に春日井郡瀬古村の住人である村瀬良章（左衛門尉，七郎右衛門との所伝も，18世紀初め）に伝えられて，流派の中興の祖になったという。

吉良義康以降の５世代の人脈は，結局のところ，最後の村瀬からさかのぼって棒術の系譜をたどったものである。江戸時代の庶民にとって忠臣蔵の敵役である吉良上野（義央，義貞の孫）の家との縁をあえて強調したところに，深い意味を感じる。吉良家が赤穂浪士の騒動でいったん断絶した1702（元禄14）年以降，その家臣が散り散りになった事実を背景にしていることは間違いない。ちなみに，文書の日付は1723（享保８）年とある。

源氏天流は実戦を想定した打ち合いで古武術の気風を伝えるとされる。しかしながら，それによって戦国の世から19世紀初めの時期まで，直接のつながりを主張するのには無理がある。この免状の書式は，江戸時代も中盤にさしかかって，広く農村地区で武芸の鍛錬が流行したことを実証しているのである。江戸初期の〈棒の手〉開創の時期とも断絶して，身分社会の底辺において醸成された危機意識を背景としているのであろう。

これまで未公開であった『源氏天流掟之事』は，免状下付と同時に門人に申し渡された文書であり，1811（文化８）年の奥付を持つ。流派の技を口外してはならない（流儀他見他言しまじく候）とか，稽古中の怪我に遺恨を持ってはならない（稽古之節万一稀有過之負症を負い候えども遺恨これあるまじき候）とかの文言が箇条書きになっている。注目すべきは，武芸鍛錬につきものの定めの一方で，親孝行を勧め，喧嘩口論や博打，飲酒を禁ずるといった，村落共同体の成年男子への訓戒が含まれていることである。

秘伝とされた巻物が伝える演目の中心には，農民的祭事といえる式棒が最初に置かれ，やはり花棒が主であったことが分かる。その後に，「とんぼ押え，真剱，太刀，手鎌の槍，鍋蓋，なぎなた，かぶり傘」と続く。剣や槍を登場させたことで，武芸の要素を強調しているように見える。以上は二人持ちといわれる普通の掛け合いだが，三人持ちというのもあって，こちらは大道具二人に対する小道具一人の戦いである。ここでいう大道具とは，槍や長刀などの武士の持ち物，小道具は，六尺棒，その半分の三尺棒，鎌，あるいは小刀などである。二人持ちにあっては対戦の一つの型にすぎないが，三人持ちは，農民が生活雑器を使って横暴な権力行使に立ち向かうという設定が露わである。鍋蓋や唐傘でもって槍や剣をいかにしのぐかが見せ場となる。

技の名としては，太刀棒，手割棒，小手返，棒合，十手槍，手縄槍，長柄槍，傘槍，竹切，長刀がある。それらの技を言葉で説明するときには，この土地の言葉が使われる。秘伝の巻物の中核をなす，これまた未公開の史料『源氏天流中段目録』からその一部を紹介しておこう。

	（原文）	（現代文）
右始	右ウツカヤス向ス子ツキトメ	右打つ返す向脛突き，止め。
	ウラ向ヨリツクウケミケンウツ	裏向より突く受け眉間打つ。
壱半	棒右ウツ左ウケル右ウツトメ	棒右打つ左受ける右打つ，止め。
左始	右サケウツカヤスハラツキトメ	右避け打つ返す腹突き，止め。
	ウラハウケテム子ツクトメ	裏は受けて胸突く，止め。
	大刀ハ棒キヨニヨリテウケキル	大刀は棒際によりて受けきる。
弐半	サケテ上ウツ左下右上ウチトメテ	避けて上打つ左下右上打ち，止め。
棒種	右前ニタテウツカヤスツキトメ	右前に縦打つ返す突き，止め。
	ウラハツキクルヲウケテキンハ子ル	裏は突きくるを受けて金はねる。
	大刀ハ棒向イキヨニヨリイク	大刀は棒向かい際により行く。
三半	サケテ上ウツコシウチミケンウツトメ	避けて上打つ腰打ち眉間打つ，止め。

ここでいう「向」は相手側のこと，「トメ」は一つひとつの技の切れ目で，最後はたがいに見得を切る。「裏」とは，片方あるいは双方が背中を向き合わせての演技である。6行目と10行目の「キヨ」は不明だが，他の文例との兼ね合いで，ここは仮に「際」とした。相棒とはよくいったもので，対戦す

る二人の息が合っていないと〈棒の手〉の演技は成り立たない。

独特の掛け声も注目に値する。「ヤー，トウ」というのは，幕末の関東で隆盛をきわめた武芸鍛錬のそれに通じて，剣道の代名詞ともなった「ヤットウ」の直接の起源であろう。「ドコイ」というのは，相手の鋭い太刀筋や槍の突きをかわすときに使う。他流派とは微妙に異なるようだが，源氏天流では試技の終わりに「コリャ，ナント」という締めの掛声が交わされる。掛け声は相手との呼吸をはかり，次の段階へ進むための符牒ともなり，観衆には見どころと演技の終了を教える役割を果たす。いずれにせよ，相手の隙をつく実戦では，あまり用いられない行動である。

まとめ　無形の〈かたち〉

本章を結ぶにあたって，文化の保存とはどのような意味を持つのか，歴史的な経緯を含めて考えてみたい。日本の文化財の対象には，有形と無形の違いがある。そもそも文化財保護の観念が芽生えたのは，フランス革命による伝統文化の破壊行為（ヴァンダリズム）を反省してのことであった。絶対王政とカトリックによる社会支配を否定した革命は，王朝的・宗教的な遺物を根こそぎ破壊しようとした。それに抵抗した文化財保護の最初の提唱者たちは，有形の文化遺産，すなわち宮殿とか寺院，国王の墓とか聖遺物などを保護の対象とみなしている。その後のフランスは，たとえば植民地拡大を目指した帝国主義の時代などでは，自国と他民族の文化を保護することを名目とし，ユニヴァーサルな価値観と文化的多元主義を国是とした。そうした政策の対象となった代表的な遺跡がアンコール・ワットである。

一方，日常生活と切り離せない民衆文化にたいしては，植民地大国にして「文明化の使命」を標榜するフランスも，本国でさえ注意を払ってきたとはいえない。農村共同体こそが保守支配の牙城であるという認識の一方で，資本主義の論理によって，それを保護するよりもむしろ破壊するほうに利があると考えられてきた。一部の植民地統治者を除いて，地域社会の空洞化をもたらすことが，本国においても植民地においても，むしろ望ましいと思われたのである。

地域で育まれた文化，とりわけ無形文化財の継承には，文化財保護行政とは異なる観点が必要である。植民地主義や資本主義とは一線を画する，生活者援助や環境保護に通じる論理である。文化大国という建前が通じにくい日本ではあるが，人間国宝という通称ともあわせ，法制で民衆文化に無形文化財としての評価をあたえたことは素直に評価したい。問題は，これから生じるであろうことにどのように対処するか，である。生活と文化を両立させるにはどうしたらよいか。経済社会のグローバル化に掉さしながら，フランス流とは異なるユニヴァーサルな価値観を訴えることができれば，国際政局と世界経済の両面で第３極を形成することもできよう。私たちの身近なところにある〈棒の手〉文化の継承者は，そうした近い未来の理想を担っている。

（高木勇夫）

参考文献

・愛知県棒の手保存連合会編『愛知の馬の塔と棒の手沿革誌』1993年
・『愛知県文化財調査報告書』（第55集・愛知県の民俗芸能）1989年
・愛知県教育委員会『昭和61－63年度愛知県民俗芸能総合調査報告書』1989年
・藤岡町棒の手保存会編『藤岡の棒之手』藤岡町教育委員会，1988年
・足助町教育委員会『足助の棒の手』1984年
・加藤唐九郎『かまぐれ往来』中日新聞社，1983年
・名古屋市博物館編『馬の塔と棒の手―祭りに生きる伝統』1981年
・豊田市棒の手保存会編『郷土の棒の手』1979年
・『春日井市史』（資料編４），春日井市，1973年
・『源氏天流掟之事』（川村〈棒の手〉保存会会長の三浦千代治氏のご好意により閲覧，撮影をした。とくに記して感謝の意を表したい）

◎〈棒の手〉関連年表

第Ⅰ期＝戦国期：槍術と棒術を中核とし，諸流派の原型が形をなす；

1390－93（明徳年間）	無二流	流祖は水野良春，開祖は孫の水野心道とその母。
1473（明応２）		猿投神社へ献馬の記録の初め。
1553（天文22）		丹羽氏清が鎌田寛信に命じて猿投神社に〈馬の塔〉を奉納。
	鎌田流	鎌田兵太寛信（寛信坊，1542／43－1627）。
1554（天文23）	見当流	本田遊無（加賀の浪人），織田家で棒術を指南。
1560（永禄３）	式部流	式部太夫（桶狭間の戦の落ち武者）が創始。

1573－92（天正年間）起倒流　起倒治郎左衛門が創始。

1597（慶長２）　無二流　大覚院兼政が再興，柔術・取手術などをとりいれる。

第Ⅱ期＝江戸時代：諸流派が分立し，花棒などの見せる要素も加えられる；

1684（貞享１）　東軍流　伝昌院伝寿（原姓は塚本）が創始。

1688－1703（元禄）　源氏天流　村瀬良章が創始，川村に伝授（1811＝文化８）。

1714（正徳４）　直心我流　八木弥一郎（博章，辨隆法印の弟子）が創始。

1717（享保２）　藤巻検藤流　平野平八郎が棒術と剣術を融合。

1766（明和３）　藤巻検藤流　伊東九郎左衛門が長久手で伝承。

1781（安永10）　無二流　知見院政勝が祭礼棒をとりいれる。

1783（天明３）　鎌田流　深田左兵満孫が三河鎌田流宗家となる。

1811（文化８）　検藤流　毛受周平が創始，尾張一円に広まる。

1821（文政４）　直師夢想東軍流　辨隆法印（原姓は比企，醍醐寺三宝院修験者）から森下理右衛門へ伝授。

1829－42（天保）　見当流　牧野敏之が再興，長湫（長久手町）に伝承。

鷹羽検藤流　加藤盛明・加藤賢秀が創始，岩作（同上）に伝承。

1866（文久１）　真影流　安良（江南市）に伝わる。

第Ⅲ期＝明治～昭和：地域の文化，共同体の絆を固める装置としての位置づけ；

明治初年　春日井郡の篠木合宿が狼藉を理由に解散。

1873（明治６）　「献馬，馬の塔，棒の手禁止」の県令（1878＝明治11まで）。

1888（明治21）　源氏天流　小田木（旧・関田村，春日井市）に伝わる。

1935（昭和10）　この頃，愛知県下で青年会の活動が頂点に達する。

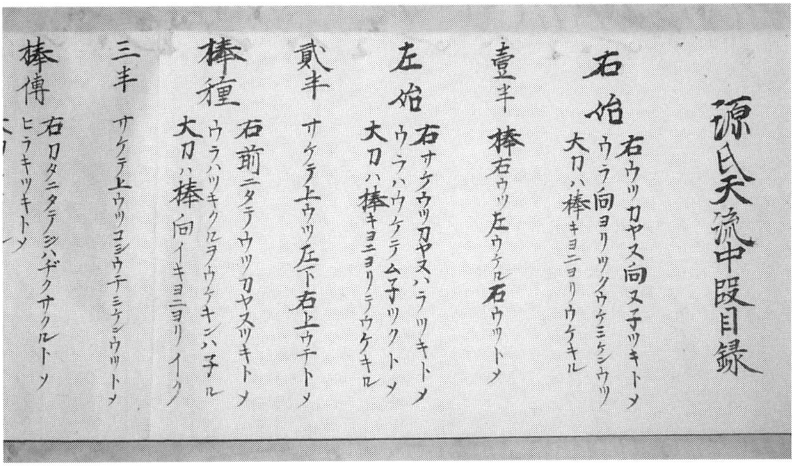
源氏天流中段目録
右始
右ウツカヤス向ヌ子ツキトメ
ウラ向ヨリツクウケミケシウツ
大刀ハ棒キヨニヨリウケキル
壹半
棒右ウツ左ウケル右ウツトメ
左始
右ナケウツカヤスハラツキトメ
ウラハウケテム子ツクトメ
大刀ハ棒キヨニヨリテウケキル
貳半
ナケテ上ウツ左下右上ウテトメ
棒種
右前ニタテウツカヤスツキトメ
ウラハツキクルヲウケキシハ子ル
大刀ハ棒向イキヨニヨリイクノ
三半
ナケテ上ウツコシウテミケシウツトメ
棒傳
右カタニタテノシハギクナクルトメ
ヒラキツキトメ

源氏天流の免許目録（筆者撮影）

3 どうして河童は相撲を好むのか

はじめに

河童は妖怪の代表格として極めて高い知名度がある。あくまでも想像の生き物であると思われるが，その性分として幾つかの特徴が付与されている。河童は好んで馬を水中に引き込む（河童駒引）こと，尻子玉という架空の臓器を引き抜くこと，また，富を授けたり，秘薬を伝授したりすること。キュウリを好み，鉄や仏教，道具などを嫌うこと。便所に潜り込んで女性の陰部を触ろうとしたり，人を見つけては相撲を取りたがることなど。いつの頃からかそういう性格を持った妖怪として恐れられ，現在に至っては親しみのある存在でもある。筆者は以前より，河童が何ゆえ相撲を好むのかということを研究対象として取り組んできたが，あくまでも相手は妖怪であり，実像の明確でないものである。妖怪が明確な存在でないのであれば，ある存在を妖怪と認識してきたのは我々のほうであって，妖怪に付与された特徴を考察することは，我々自身の考察そのものにもなりえると考える。本稿では，河童の性分の幾つかに焦点を当て，河童と相撲の関係について描写することを試みる。

1　河童駒引と牛馬の供犠について

(1)　殺牛馬の習俗について

河童駒引とは河童が馬を水中に引き入れようとする行為のことである。駒ということで馬限定のことだと考えられているが，必ずしも馬に限定しているとは限らず，牛を水中に引き込もうとする伝承もみられる。柳田國男によれば河童は水神（河神）の零落したかたちであり，河童が牛馬を水中に引き込むのは，水神（河神）が牛馬を供犠として欲するためだとしている[1)]。また，石田英一郎は『河童駒引考』において，柳田の見解をユーラシア大陸にまで広げ，同様の多くの神話，伝説，民俗的史料をもとに支持する。少なくとも農耕民にとっては水（河神）と牛の関係が馬よりも年代的に早かったとして，牛と馬とを比較して前に牛の演じた役割に馬が参加するか，あるいはこれに代わるというような現象も[2]あったとしている。河童駒引という名称で呼ばれることになった河童の行為は，河神に対する牛馬の供犠であり，馬に限定されることではなく，牛もその対象になっていたと考えられる。

農耕民にとって雨，河，つまり水の管理は重要事である。それは自然現象であり，大雨や旱魃（かんばつ）になったり，予期できぬ川の氾濫があったりする。大雨などによる河の氾濫は，疫病を流行させる恐れのあるものでもあり，人の生命までも簡単に奪うものである。その反面，氾濫は肥沃な土地をもたらす。これは水，雨，河という自然，およびその現象が両義的存在としてあることを示している。生命を危うくさせる脅威でもあり，生活を豊かにしてくれるものでもある。少なくとも河神に対する祈りとはそういった両義性を持つものとして認識することが可能である。

『日本書紀』の皇極元年七月の条には次のような記述がある。

二十五日，群臣が，「村々の祝部の教えに従って，牛馬を殺して諸社の神に祈ったり，あるいは市を別の場所に移したり，また河の神に祈ったりしたが，雨乞いの効き目はなかった」と語り合うと，蘇我大臣は，「寺々で大乗教典を転読しよう。仏の教えに従い，過ちを改めて，雨乞いしよう」といった。（中略）八月一日，天皇は南淵の川上におおいでになり，跪いて四方を拝し，天を仰いで祈られると，雷鳴がして大雨が降った。雨は五日間続いて，天下は等しくうるおった。国中の百姓は皆喜んで，「この上もない徳をお持ちの天皇である」といった[3]。

一連の記述の意図は明白なことであるが，古代日本における殺牛馬の習俗もしくは信仰を考察する際注目すべき記述となる。「牛馬を殺して諸社の神に祈ったり」，「市を別の場所に移したり」，「河の神に祈ったり」することが，雨乞いのためであり，「村々の祝部の教えに従って」行っていると記述されている。このことは，殺牛馬の習俗が民間の習俗としての広がりを持っていたことを示唆する。

『続日本紀』天平十三（741）年二月七日の詔では，

「詔して曰く，馬牛は人に代わりて，勤労して人に養はる，茲に因りて，先に明制ありて，屠殺することを許さず，今，聞く，国郡未だ禁止すること能わず，百姓猶屠殺することあり，宜しく犯すことある者は，蔭贖を問はず，先ず杖一百を決し，然る後に罪に科すべし，又聞く，国郡司ら公事によるにあらずして，人を聚めて田獵し，民の産業を妨げ，損害実に多し，自今以後，宜しく禁断せしむべし，更に犯すことある者は，必ず重科に擬せよ。」[4]と記述される。

この詔の内容では，牛馬は人に代わって勤労するものだから，屠殺することを禁じているのだが，それにもかかわらず，未だ禁止できていないという内容が書かれている。

また，『古語拾遺』[5]には，大地主神と御歳神の伝承が記述されている。概要は次のようになる。

「大地主神が農耕始めの日に，牛の肉を耕作人たちに食べさせた。御歳神の子がその田に出向き，饗応物に唾を吐きかけて帰り，その旨を御歳神に伝えた。怒った御歳神が蝗を田に放ち枯れさせた。大地主神が占いをさせたところ，御歳神の祟りだと解り，白猪，白馬，白鶏を献じて謝罪した。御歳神はこれを受け入れて，蝗の払う方法を教え，それでも無理であれば，牛の肉を田の溝口に置き，男茎の形を作れとされた。その通りにすると，年穀も豊かに実った。」

御歳神の怒りは，まず，田に供えなければならない牛の肉を先に耕作人が食べたところにある。ここでは牛を殺しその肉を食べたり，田に供える習俗があったことが確認出来る。

上記した3つの史料では，殺牛馬の習俗が民間に広がっていたことと，それが農耕儀礼と関わりを持つ可能性を確認することが出来た。しかし，水神に対する祈りと殺牛馬習俗の直接的な関係は示されていない。民俗資料には水神と殺牛馬習俗を関連づけるものが多数ある。佐伯有清によれば，福島県南会津郡大戸町，同郡長江村，静岡県志太郡西益津村，兵庫県加東郡の村々，広島県双三郡八幡では雨乞いに牛の頭を沼，池，滝に投げ込んだとある[6]。

牛が農耕として本格的に使役されるためには，鉄製の犂（すき）が必要になる。その犂先は５世紀頃に朝鮮から日本に伝わったのであろうとされているが，民間に広まるのはかなりの年月が必要であったと考えられる。『続日本紀』天平十三（741）年二月七日の記述から推察されるのは，少なくとも８世紀には，「百姓」と記される民衆において牛馬の使役は一般的であり，農耕民においても牛や馬の使役は行われていたと考えられる。牛の使役は農耕機械が誕生する昭和初期まで続けられていた。農耕民にとって牛馬はかなり貴重な存在であったと考えられるが，水の管理能力を越えて迫る自然現象の脅威に対しては，貴重な牛馬を犠牲として献ずる必要があり，それほどに水神と牛馬の繋がりは強く深いものとして信仰されていたといわざるをえない。

⑵　祟りを免れるための殺牛

『日本霊異記』[7]中巻第５話に，「異国の神の祟りから免れるために牛を殺して祭り，また一方で放生の善を修めて，この世で善悪両方の報いを受けた物語」が記載される。概要は次のようになる。

「摂津国東生郡撫凹村の富豪の家長が，漢神の祟りにあったので，７年間の期限を立ててその神を祭り，毎年１頭で７頭の牛を殺し，７年後祭りを終えた。しかし，急に病になり，一向によくならなかった。そこで，家長は，こんな重病に罹ったのは牛を殺した殺生の罪によるものだろうとして戒律を守り多くの放生の善行を行った。それから７年後，病はよくならず，いよいよ臨終の時を迎えた。妻子に，死んだら遺骸を焼かず９日間そのままにしておきなさいといった。死んで９日後，家長は生き返り，冥界での出来事を話した。閻魔王のもとで，７人の牛頭人身のものたちと，千万余人のものたちが議論した。千万余人のものたちは，祟っていた悪神を祭ったが故に牛を殺してしまったと訴えた。最後に，閻魔王は数の多い方の訴えをとったので私は生き返ることが出来たのだ，と。この家長は，閻魔王のもとから生きて返り，ますます仏法へ帰依した。」

ここでは，祟り神としての漢神の存在が語られ，その祟り神を祭るために殺牛が行われていたことが記述されている。佐伯有清は，殺牛の習俗には，雨乞いによるものと祟り神によるものとがあると大別し，前者を日本固有の習俗とし，後者を大陸から渡来した習俗だとしている[8)]。しかし，下出積與は2つに大別するのは認めながら，『日本書紀』の皇極元年七月の条の記事にみられる「市を移す」「河神に祈る」という習俗が大陸から伝わったものであることを示し，殺牛馬の信仰と並記されてある点に注意することから，雨乞いによる殺牛の習俗も大陸から伝わったものだとしている[9)]。また，上田正昭は，殺牛馬の習俗について，アジアに広く祈雨止雨の祈りの際に牛馬の供犠のあること，それらは中国大陸や朝鮮半島からもたらされたものであり，また，それらがけっして渡来集団のみの習俗ではなく，諸国に広がり，独自の変容を遂げたことを古文献などの史料および民俗に残る資料によって示している[10)]。

以上，殺牛馬の習俗についてみてきたが，水神との関わりについては，特に雨乞いを中心に行われていたと考えられる。民間において水の管理は重要事であった。特に農耕に携わる人々にとっては，極めて重大な習俗，信仰であったはずなのである。しかし，水神が零落して河童になったということであれば，水神が水神としての立場を維持出来ずに，何ゆえ河童に零落してしまったのかという疑問が残る。農耕では近年に至るまで牛が使役されてきたのである。ましてや，自然現象である降雨による洪水や旱魃などは，現代に至っても被害がある。河童を水神の零落したものとして考える場合，零落することそのものが河童起源譚になるのではないかと考えられる。

2　浄・不浄観念と河童起源譚

⑴　3つの河童起源譚

河童起源譚についてはこれまで多くの考察がなされている。石川純一郎によれば，⑴人形化誕生説，⑵渡来説，⑶牛頭天王の御子神説に大きく分けられる[11)]。⑴人形化誕生説は社寺などの建立縁起によるもので，番匠が社寺建立に際し，藁や木屑の人形に秘法を加え人手不足を補い，無事に建立の後，人形は川に流されて河童に化身したというもの。⑵渡来説とは大陸からの渡来説であり，海を渡って九州に渡来し，繁殖して9千匹となったとするもの。⑶牛頭天王の御子神説とは河童を牛頭天王の子とする説である。牛頭天王とは祇園社の祭神として有名である。祇園祭りは疫病や災いをもたらす牛頭天王を祀る御霊信仰としてある。祇園祭りでの禁忌には，キュウリを食べないことや，水泳ぎをしないことなどがあり，この禁忌には河童との関係が確認できる。

以上の3つをもって河童起源譚が大きく分けられている。河童が水神の零落したものであるならば，零落するところに河童の起源は存在するはずである。しかし3つの河童起源譚には水神の零落したものとしての河童の誕生に直接関わるものはない。

⑵　水神が落ちぶれて河童になる

前述した『日本霊異記』の記述には，いわゆる「放生」の信仰が反映されている。『日本霊異記』は平安時代初期，薬師寺の僧景戒によって書かれている。また，平安時代初期に編纂が完成する『続日本紀』の記述では，「馬牛は人に代わりて，勤労」するという使役の資にもとづく禁止があり，そこには「放生」の信仰によるものだけではなく，政治的側面があったことは見逃せない。

1－⑴で記した史料において，雨乞いとしての殺牛習俗があったことをみてきた。馬に関してはどうなのか。雨乞いと馬については，祈雨の際，馬を奉じた事例が『続日本紀』『日本後紀』『続日本後紀』に数多く記されている。時代が下るにつれて丹生川上神社への奉献馬が多くなってくるが，『続日本紀』に祈雨の記述がある最初の文武二（698）年の項では，「四月廿九日　奉馬于芳野水分峯神。祈雨也。」「五月五日　遣使于京畿。祈雨於名山大川。」「六月廿八日　奉馬于諸社祈雨也。」とあり，『続日本紀』に記載される祈雨の祭祀の当初は，必ずしも奉献馬があった訳ではなく，特定の神に限られていた訳でもない。祈雨に際して馬を奉献する事例は確認できるが，これらの奉献馬を殺牛馬の習俗と同一視することはできない。

祈雨もしくは止雨の祭祀と馬の関係では，絵馬の前身とも考えられている土馬[12)]がある。土馬は，近畿地方を中心に飛鳥時代から平安時代の遺跡で，溝や川辺，井戸底などから出土し，祈雨もしくは止雨の祭祀の時に水の神に捧げ，また，疫病神や祟り神を封じるための祭祀に使われたものだと考えられている。そうであれば，土馬は殺牛馬の習俗の一つの形だと考えられる。また，『続日本紀』慶雲三（706）年には，「是年。天下諸國疫疾。百姓多死。始作土牛大儺。」と記述があり，「土牛」によっても，疫病を追い払う儀式を行っている。これもまた，殺牛馬の習俗の一つの形だと考えられる。

1－(1)の史料では，殺牛馬を戒めて禁じ，また，その肉を食すことを禁じる考えが反映されている。また，『日本書紀』天武四年四月十七日の条では，詔して，「牛，馬，犬，猿，鶏の宍を食すこと」を禁じている。上田は，『続日本紀』『日本後紀』『続日本後紀』に記載される祈雨の奉献馬を，生き馬の奉献だとし，「肉食・屠殺の禁令の背景には，放生思想の影響もあったが，それのみではなく，天武・持統朝のころからしだいに具体化する浄・不浄の意識」があったとしている[13)]。具体化の例として宮号の飛鳥浄御原宮，天武十四年の位階制に「明・浄・正・直」があり，「浄公民」という意識が明確化してくることなどを挙げている。また，浄・不浄観念によって生き馬の奉献が多くなり，「馬形」「牛形」が祭祀に用いられるようになったのではないかとしている。

3　七夕と相撲

相撲の起源説話として語られる「野見宿禰と当麻蹶速の捔力」の記事は，720年成立の『日本書紀』十一代垂仁七年七月七日条に記される。概要は次のようになる。

「当麻邑に当麻蹶速という力の強いものがいて，「どこかに力の強いものがいれば生死を問わず力比べがしたい」といつも人民に語っているのを天皇がお聞ききになり，天下の力士という当麻蹶速に並ぶ出雲国の野見宿禰という勇士を召し，彼らに捔力とらせた。腰を砕かれ殺された当麻蹶速の土地を野見宿禰が賜うこととなった。」

この説話が七月七日であるということに注目してみる。七月七日の相撲というと，８世紀から12世紀まで続く相撲節も当初七月七日に行われていた。

相撲節は，『続日本紀』天平六（734）年七月七日「秋七月丙寅。天皇觀相撲戲。是夕徙御南苑。命文人賦七夕之詩。賜祿有差。」が初見となり，後に，七月中の他日に変更になったりしている。注目すべき点として，七夕として詩を賦していることである。相撲節の成立時期については，『続日本紀』に，養老三（719）年七月四日「初置抜出司。」という記載があり，「抜出司」とは後の「相撲司」であるから，この年の七月七日に相撲節を行っていた可能性も考えられる。推察として700年前後には相撲節を構想するにいたる思想的基盤もしくは習慣があったとみなすべきであろう。720年成立の『日本書紀』がすべて史実だとは考えられない。当然，相撲の起源説話として語られる「野見宿禰と当麻蹶速の捔力」の日付が，作為的に作られたものだと考えられる。垂仁七年七月七日と，あえて「七」を揃えて，七月七日にしているのはその日付にこだわる理由があったと考えられ，相撲節が当初七月七日の行事として始まるのも理由があったからだと考えられる。

「七月七日」で想起することといえば七夕であるが，七夕が成立したのは古代中国においてである。この日の行事について書かれた最古の史料に『四民月令』[14]があり，七月七日に書物や衣服を虫干しにする習慣があったことが記されている。また，南北朝時代の『荊楚歳時記』[15]には，七月七日は牽牛と織姫が会合する夜であると記され，女性が針仕事の上達を祈る「乞巧奠」，および書物・衣服の虫干しについても記されている。最も古くは中国最古の詩集である『詩経』にも「牽牛」「織女」が詠まれている。また，四川省郫県の後漢墓石棺蓋には，引っ張られる牛（牽牛）と織女が描かれていることから，後漢の頃には，牽牛と織女が出会う物語が成立していたと思われる。中村喬[16]によれば七夕とは天の河（天漢）の祭りであって，牽牛の原像は豊穣を祈念する河神への供犠そのものと考えられ，織女は河神に嫁する女と考えられるとする。牽牛の「牽」とはそもそも犠牲のための生き物という意味から牽牛を供犠の牛そのものだとし，織女の原像は河神に嫁ぐ人身供犠であるとする。

大阪府泉佐野市には，「牛神祭り」という祭祀がある[17]。「牛神祭り」とは旧七月七日に牛に水浴びをさせ，その後，牛神の祠に牛とともに参詣する祭祀である。また，奈良県・大阪府・和歌山県を分ける葛城山系には，「牛滝祭り」と称する祭祀が点在していた[18)]。耕作のない時期に牛を太らせ立派に飾り，その牛を七月中に付近の寺社に連れて参詣し，その場所で牛の品評会と相撲を行い，優良な者は御幣を持ち帰りそれぞれの家に奉るのである。いずれも，(旧) 七月中に行われていた。

七夕との興味深い類似例として，記紀に描かれる「天の岩屋」神話のくだりがある。それはアマテラスオオミカミが天の岩屋にお隠れになる直接的ともいえそうな理由として描かれている。機織をするアマテラスオオミカミのところへ，スサノオノミコトが馬の皮を剥いで投げ込む仕業がそれである。それを恐れられたアマテラスオオミカミが天の岩屋にお隠れになるのである。ここには，七夕を忌み嫌う考え方が反映されていると考えられる。

まとめ

七夕の信仰に内在する殺牛馬を不浄とみなし，禁止されていく流れの中に水神が零落していく道筋が出来上がっていたと考えられる。そもそも七夕と相撲を結び付けるために，ほぼ同時期に意図的に描かれたと考えられる説話が，相撲起源譚であった。そして，野見宿禰はもう一つ，埴輪起源譚を持つ。『日本書紀』垂仁三十二年七月六日に記載されている。殉死を終わらせるために埴輪を作ることを提案し，そして埴輪を作ったとする内容である。埴輪についての考古学の知見では，『日本書紀』野見宿禰の埴輪起源説には，年代的な無理が生じているので説話と考えられる。ただ，説話の意図するところは殉死を忌み嫌い，その代わりを作ったことであり，いうまでもなく浄・不浄の観念と深い関わりを持っている。

当然ながら，野見宿禰に関する２つの説話に河童は登場しない。しかし，河童には不浄の観念と直接に関係すると思われる性分がある。河童と相撲をとったばかりに高熱が出てしまうなど，河童憑きと呼ばれる現象がそうである。また，御不浄（便所）から女性のホト（陰部）を触ることもそうであろう。七夕に内在する行為が不浄とみなされる以上，水神は零落せざるをえない。単なる降格ではない，不浄として零落していったのである。そもそも浄と不浄は対立した形で一つの思想を形成しており，不浄なくして浄はありえない。浄・不浄観念の具現化のさなか，相撲強者として野見宿禰が語られ，七夕を含む相撲節が成立していったと考えられる。河童が相撲を好む理由をこの辺りに探ることが出来るのではないかと考える。

（竹村匡弥）

註および参考文献

１）柳田國男「山島民譚集」『柳田國男全集５』ちくま文庫第１刷，1989年
２）石田英一郎『新版河童駒引考』岩波文庫第３刷，1997年，p.240
３）宇治谷孟『日本書紀（下）』講談社学術文庫第12刷，1993年，p.137
４）宇治谷孟『続日本紀』講談社学術文庫第16刷，2003年，p.408
５）神道大系編纂会『神道大系古典編五古語拾遺附註釈』精興社，1986年，p.355
６）佐伯有清『牛と古代人の生活』至文堂，1967年，p.137
７）多田一臣校注『日本霊異記　中』ちくま学芸文庫，1997年，p.60
８）佐伯有清「八・九世紀の交における民間信仰の史的考察―殺牛祭神をめぐって―」『歴史学研究』224号，1958年
９）下出積與『日本古代の神祇と道教』吉川弘文館，1974年，p.134
10）上田正昭編集「殺牛馬信仰の考察」『神々の祭祀と伝承』同朋舎出版，p.19
11）石川純一郎『新版河童の世界』時事通信社，1989年，p.78
12）「どば」と読む。埴輪と区別してこの名で呼ばれる。大和型土馬は平城京跡，京都長岡京跡とその周辺に限られ出土量も多い。（田中琢・佐原真編集代表『日本考古学事典』初版，三省堂，2002年）
13）上田正昭編集，前掲書10），p.29
14）漢代の歳時および農事について記されている。崔寔，渡辺武訳注『四民月令』東洋文庫，平凡社，1987年，p.91
15）宗懍，守屋美都雄訳注，布目潮渢他補訂『荊楚歳時記』東洋文庫，平凡社，1978年，p.179
16）中村喬『中国の年中行事』平凡社，1988年，p.163
17）「上之郷・日根野を中心とする牛神祭りと役牛飼育」『近畿民俗』No.123，1990年
18）竹村匡弥「祭祀相撲の歴史民俗学的考察―「古代葛城」と「牛滝祭り」―」稲垣正浩編著『新世紀スポーツ文化論Ⅱ』タイムス，2002年

4 軟らかなボールのテニス

—ソフトテニスの未来について—

はじめに

コートが何面か並び，テニスを楽しむ姿が見られる。そこでは2種類のテニスが繰り広げられている。そう，それは硬式テニスとソフトテニスと呼ばれるもので，ボールのはじける音も違えば，ネットの高さも違う。以前は硬式テニスと軟式テニスという名称を使い区別されていた。

私がこの軟らかなゴムボールのソフトテニスに出会ったのは中学生の頃である。当時は軟式テニスあるいは軟式庭球と呼ばれ，「なんてい」という愛称でも呼ばれていた。用具，ネットの張り方，ポイントの数え方など，ローンテニスから誕生した硬式テニスとは様々な点が違っていた。例えば，ネットは硬式テニスのように中央がテープによって低く張られることはなく，地面と平行に張られ，ボールはゴムボールが使われている。審判からコールされるポイントは1－0（ワンゼロ），3－1（スリーワン）である。基本的な握り方はウェスタングリップで，フォアハンドもバックハンドも同じラケット面でボールを操作する。前衛と後衛というポジションに分かれ，それぞれの役割が完全に分担されていた。そのため，硬式テニスのように前衛はサービスをすることはなかったし，後衛もボレーの練習をすることがなかった。

しかしここのところソフトテニスは大きく変化した。

本稿では，日本で生まれたラケット種目であるこのソフトテニスが今何に向かって進もうとしているのか，そして今後ソフトテニスにはどのような未来が開けていくのかについて考えてみたい。

なお，軟らかなゴムボールのテニスの呼称が時代によって異なるため，軟式庭球という名称が競技規則に載った1904年からソフトテニスと改名した1992年までを指す場合は軟式庭球，又は軟式テニスと表記する。それ以降をソフトテニスと表記する。一方，フェルトボールのテニスを近代テニス，又は硬式テニスと表記する。

1　ソフトテニスはどこへ行く

軟式テニスは，1992年，その名称をソフトテニスに変えた。名称変更の他にもルールが大きく変更された。その一つがダブルスゲームで前衛プレーヤーもサービスを行うことである。しかし硬式テニスとは異なり，サービスゲームが終了するまで同じプレーヤーがサービスを行うのではなく，2ポイントずつ交代で行い，サービスゲームを行う。さらに，レシーバー以外はコートの外にいるという制限が設けられた。したがってサーバーのパートナーはサービスが打たれる瞬間まで，コートの外にいなければならなくなった。そのため，後衛プレーヤーがサービスをする場合は，コートの外にいる前衛プレーヤーはサービスが打たれるやいなや，ネットにつくために猛然と走り出さなくてはならなくなった。2003年の再度のルール変更でポジションの制限がなくなり，後衛プレーヤーがサービスをするとき前衛プレーヤーはコートの中でポジションを取ることができるようになった。このルール変更により，ソフトテニスは，硬式テニスと同様に2人のプレーヤーがサービスをしなければならなくなり，サービス技術の面では硬式テニスと同じゲームへと変更する試みが加えられたといえるだろう。一方で，例えばサービスゲームでは2ポイントずつサーバーが交代するなど，硬式テニスとは違うスポーツであることを示すための方法も加えられたといえるだろう。

このような変化の経緯を見ると，ソフトテニスは世界のメジャースポーツとなった硬式テニスを常に視野に入れ，何かと硬式テニスと比較しそれに近づこうとしているように思えてならない。しかし，世界的な競技スポーツにするという意図を持ってこのように変容させることが，はたしてソフトテニスの発展と呼べるのだろうか。明治時代から日本の風土の中で紆余曲折を経て築き上げられたソフトテニスが目指すことになるのであろうか。

これまで一般にソフトテニスは，硬式テニスのフェルトボールを，ゴムボールで代用するために考案されたボールゲームであると理解されてきた。

その意識が，常に軟式テニスと硬式テニスを対峙させることにつながっていたのではないだろうか。しかし，庭球，軟式庭球と名前を変えてきたソフトテニスは，用具を生かした独自の技術，ならびに前衛と後衛の分業という独特のシステムを戦術の中に生み出してきた。この独自性を大切にし，硬式テニスに追いつけ追い越せという考え方から脱却すれば，ソフトテニスはその面白さや競技的特性を失うことなく，多くのスポーツ文化の一つとして，存在していくことが可能であろう。ソフトテニスは，日本文化の中で生み出された独自のスポーツ，軟らかなゴムボールを使ったラケット競技でなのである。

以上のような問題意識に立って，ソフトテニスを今一度，見直してみようと思う。

2　ソフトテニスはローンテニスから誕生したのか

ソフトテニスは日本で生まれ育った伝統ある大衆スポーツであり，明治17（1884）年の発祥から既に120年を越えた長い歴史を持つスポーツであるとされている。さらにこの明治17年は坪井玄道が体操伝習所でゴム球のボールを使ってローンテニスの手ほどきをしたという記述もある。つまり，このときには，ローンテニスをゴムボールで行ったということである。

近代テニスは，1874年，イギリスのウィングフィールド少佐の移動式コートの特許申請に始まる。このとき，ルールブック，ネット，ラケットなどを１セットにし，特許申請されることで，「テニス」というスポーツはある共通の認識のもとでプレーされるようになった。これが，日本でソフトテニスが始まったとされる時期とほぼ同時期であることだけをここでは指摘しておき，詳細は後述することにしたい。

ウィングフィールドの考案した移動式のコートの工夫によって，ローンテニスは，パーティーをする傍ら家の庭でできるようになり，社交的な要素が強く，女性が参加することができるようになっていったという。しかしその服装はコルセットで胴を締め上げ，バッスルを当て，ペティ・コートをつけ，足をすっぽり覆い隠すことのできるロング・スカートを身にまとったものであり，動ける範囲や速度は限られていた。そのため，ほとんど動かずにラケットにボールを当てることができる範囲のみを処理して楽しんでいたと考えられる。また，コートの形も砂時計の形で，現在の長方形のものとは異なっていた。

一方，ウィングフィールドの移動式コートの特許申請と同じ1874年，リアルテニスの選手のイギリス人ヒースコートが，ポームで用いられていた弾みの悪い中芯のボールから，ゴムボールの表面にフェルトを巻いたボールを発明した。その結果，ボールの弾みがよくなり，ボールを強打することができるようになり，スピード感が備わり，娯楽的な要素よりも競技性が高まっていった。

さらに1877年にオールイングランド・クロッケークラブの主催で第1回ウィンブルドン大会が開催された機会に，共通のルールが制定された。また，1880年代になると，アメリカ，オーストラリア，フランスでも同様の大会が開催され，現在のテニスの四大大会の基礎ができるほどになり，ローンテニスは急速に世界に広がっていくことになる。

坪井玄道が体操伝習所でゴム球のボールを使ってローンテニスの手ほどきをしたと前述したが，坪井玄道が教えたローンテニスは1878（明治11）年アメリカから体操伝習所に招聘されたリーランドから伝えられたものであるとされている。しかし，このローンテニスもこれまで見てきたようにその時点ではまだルールや制度などが確立していたとは言い難く，試行錯誤を続けながらスポーツとしての形を整えていた時期といえる。つまり，上述のように1874年ウィングフィールドの特許申請を近代テニスの始まりと見るならば，近代テニスの始まりは日本の明治時代の始まりとほぼ時期を同じくしており，リーランドがラケット，ボールとともに伝えたローンテニスが世界各地で行われ始めたローンテニスと同じであると言い切れるものではない。このように考えると，これまで疑うことのなかった記述についても再検討する余地があるのではないかといわざるをえない。

例えば，明治20（1886）年の浪華新聞に『戸外遊戯絵図』として「戸外遊戯をすすめる文」とともに載せられているテニスをする絵がある。洋服を着た外国人がラケットを持っている絵であるが，その絵にはネットは描かれていない。その絵について『日本庭球史』の解説には作者はネットを描き忘れたようだと書いている。また正岡子規が随筆『松蘿玉液』の中で「……ローンテニス，以上三種の外猶遊戯あれども，もっとも普通なるをローンテニス及びベースボールとす。前者殆ど十坪程の平地を要するばかりなれば洋人等多く庭園内に之を設け朝夕の運動に供す。此技，ゴム球をバット（長さ四尺許りの杓子型の者）にて打合う者なれば男女打ちまじりてなすことも多し。人数は四人又は三人なれば我が邦の蹴鞠などに比すべきか。諸学校には此説あれど邦人自邸内に之を設くる者多くを聞かず。……（原文まま）」と述べている文がある。ローンテニスと述べているがゴム球という表現からここでのテニスは軟式テニスを指しているものと考えられる。その記述に対して，テニスコートが10坪といい，またラケットの大きさについて四尺（1．2 m）と書いているに及んで，『日本庭球史』では，「正岡子規は，まだテニスについてよく知っていない」と述べている。しかし，『日本庭球史』のこの評価は，ローンテニスを前提に解説しているものであり，日本各地にいろいろなラケットスポーツがあった可能性を考慮に入れていない記述であると思われる。

というのも表孟宏は『テニスの源流を求めて』の中で，明治10年以前には各地でテニスが行われ，ローンテニスの前身であるリアルテニス，フィルドテニスやファイブスとか，それに近い種類のものがラケットによって行われていたと考えるのが正当であると述べているからである。また，明治４年の『泰西訓蒙図解下』（田中芳男訳）の遊戯部（ゲームアンドスポーツ）に示されているラケットの説明などを見ると，ローンテニスだけが日本に紹介されていたわけではないといえるだろう。したがって，単にローンテニスのボールをゴムボールに変えただけで軟式テニスが始められたと考えるよりも，リーランドが伝えたローンテニスの中に当時各地で行われていた多様なラケットゲームが集約され，日本のテニスが形作られたと考える方が妥当ではないだろうか。では次に，ソフトテニスの特徴をもっともよく示している軟らかなボールについて検討していこう。

3　ゴムボールは代用品でしかなかったのか

ソフトテニスを語るとき，はずせないのが軟らかなゴムボールである。『日本庭球史』によると，ゴムボールが使用されるようになったのは，当初使用されていたフェルトボールが高価な輸入品で，損傷したり紛失したりすると新しいボールを入手することが難しく，国内で生産することもできなかったためであるとされている。しかし，その対策として選ばれたゴムボールも国内で生産しうる身近なものではなかった。当初はフェルトボールと同様にドイツから輸入したもので，青馬印のゴムボールだったと同書に記述されている。ただ，ゴムボールがフェルトボールの５分の１程度の価格で購入できたため，日本のテニスのボールとして使われるようになったとされている。

はたしてほんとうに安価なボールを求めただけなのだろうか。1840年代に，世界的なゴムブームが起こったとはいえ，日本に原材料の生ゴムはなく，輸入に頼るしかない原料である。また，世界的には加硫法が発明され，ゴム製品の開発が進んでいたが，日本では加硫法の技術も知られていない時期である。そのような時期にあたる1884（明治17）年に東京高等師範学校でゴムボールのテニスが行われ始めるのである。教材として位置づけるためには継続的な用具の確保は重要な課題である。そのため，指導を始めた坪井玄道が国内で入手できるようゴムボールの開発を三田土護謨会社に依頼している。依頼を受け研究開発を始めた同社は10年以上の歳月を費やし，1900（明治33）年ゴムボールの国内生産に成功し，日本のテニスのボールを安定して供給することを可能にした。こうしたゴムボールの国内生産は軟式テニスが日本各地に広がる起爆剤になったのである。

つまり，フェルトボールにせよゴムボールにせよ，どちらもボールを作る原料は日本にはない未知のものであり，同じように開発する必要性と機会はあったと考えられる。それにもかかわらず，ゴムボールの開発に主眼が置かれたのはなぜだろう。それは，輸入品のゴムボールを使っていたときに，それなりの利点があったからこそであり，単に代用品として選ばれたのではないと考える方が妥当であろう。では，どのような利点があったのであろうか。

ゴムボールはバウンドしてからのスピードがフェルトボールよりも遅い。そのため，ワンバウンドしてからツーバウンドするまで時間が長くなり，打球準備がしやすい。そのため，初めてラケットを振る人にも受け入れやすいという利点がある。また，空気穴があり，空気が抜けても入れなおすことができ，長く使うことができる。これも大きな利点であったといえるだろう。

しかし土のコートがほとんどで，整地状態があまりよくなかったため，ゴムボールは破裂しやすく，長所でもある空気穴がバウンドを不安定にするという欠点もあった。その欠点を補うため，我国に導入されて以来，研究開発が繰り返され，しだいに弾力性が増し，温度変化に対応でき，磨耗にも耐えられるようになっていった。

それにもかかわらず，長所でもあった空気穴に対する対策は最大の課題であったようである。空気穴を作ることによってボールに厚みができ，他の部分と段差を生み，ラケットで打つと破裂する原因になり，弾みがなかなか一定にならなかった。この欠点を補うためローンテニスはゴムボールにフェルトを巻くという方法を用いた。一方日本のテニスはゴムボールにヤスリをかけ，空気穴との段差をなくし，弾みを一定にし，品質の向上を図ったと『軟式庭球歴史資料展』の図録に述べられている。その結果，空気穴を残すことができ，空気を入れ直し，何度も使えるという製品の特徴を生み出した。空気が抜けてしまえば使えないフェルトボールに対して再生可能という特徴を生み出したことになる。また，注入する空気量を調整することも可能になったため，天候やコートの状態に合わせて調整することができるという，フェルトボールでは考えられない利点を生み出したのである。再生しながら長く使え，状況に応じて調節できることはいろいろな環境においても対応可能な用具となり，逆にゴムボールの優れた点になったといえよう。

次に，そのゴムボールの特徴をうまく生かすために工夫されたラケットとガットについて，少し触れておこう。軟式テニスの特徴を示すラケットに張るガットも，当初はローンテニスのラケットに使われていた羊の腸が使われていた。その後，国内での生産を進めるために，素材として抹香鯨の頭にある千筋という部分の鯨筋が選ばれ，軟式テニス特有の素材の開発が進められていく。こうして鯨が素材として選ばれたことは，日本の伝統工芸に鯨の骨などが使われていたことなどから考えると，国内で調達できる素材として最適なものを選択したといえるだろう。しかし，ゴムボールを打つための強度と弾力のあるガットにするまでには多くの工程が必要であった。原料を3ヶ月以上乾燥させた後に，まず「ひねり」という，水に戻して細く裂いて10数本ずつこよりのように撚(よ)っていき，ガットの長さにしていく作業が行われる。さらに3ヶ月以上乾燥させた後に，水に浸して汚れや油分を取り去り，ゼラチン溶液に入れ，十分浸み込ませる。次に「やまあげ」という，1本ずつ丁寧に伸ばしながら均一の太さにする作業が行われる。撚りを入れたり，ゼラチンを加えたりして少しずつ引っ張りながら乾燥させていく。この作業は昼夜なく行われ，温度・湿度や乾燥具合に注意しながら数回行われる。このようにして出来上がったものの表面を研磨し，樹脂や油でコーティングして完成である。

このような製作過程を生み出すまで，相当な試行錯誤が続けられたことが想像できるが，このような創意工夫の結果，軟式テニス特有の鯨筋のガットを生み出した。そしてさらにこれを軽いラケットに張ることによって軟らかなゴムボールを打つための道具がようやく誕生したのである。このような日本独自のガットの考案や製造工程の工夫を見てくると，それらのすべてがゴムボールをうまく操作するための開発だったのではないか，と考えざるをえない。

ではこれらの用具は軟らかなボールのテニスにどのような影響を与えたのであろうか。ゴムボールは軽く，軟らかいため，反発力がフェルトボールより弱い。そのため，バウンドしてからの速度が遅いため，初心者に導入しやすい。しかし，その反発力の弱さを補えなければ新たな技術は生まれない。ガットに当たった瞬間に反発力の弱いゴムボールが跳ね返ってしまうと遠くに飛ばすことができない。遠くに飛ばすにはゴムボールがガットに当たった瞬間に受け止めるような力，吸収力のようなものが必要になる。多くのソフトテニス愛好者が「ゴムボールが手に吸い付くような感覚が鯨筋のガットにはあった」と述べていることから考えると，ゴムボールの反発力を高める役割を果たしたのが，鯨筋のガットだったのではないだろうか。つまり，鯨筋のガットが張られた軽いラケットがゴムボールの力をいったん吸収し，それを強く打つことで，ゴムボールの欠点である小さな反発力を補うようになったのであろう。また，ゴムボールに大きな力を加えて打つには，完全に手のひらがラケット面の裏側に入り，全身の力で打つことができる握り方が求められ，その結果軟式テニス特有のグリップといわれるウェスタングリップが発案されたのだろう。この点については後で考察を加えるが，軟式テニスの鯨筋のガット，軽いラケットは，ゴムボールの特性を生かすため開発されたもので，力を加えて生み出されるロビングボール，ドライブボールなどの技術を生み出し，軟式テニスの競技的特性を示すことに大きく貢献したと考えられる。また，ゴムボールのサービスはフェルトボールのように速く打つことはできなかったので，横に回転をかけ，バウンドしてからの弾みに変化を与えるカットサービスなども軟らかなボールだからこそ考え出されたものといえよう。

以上のような経過から，日本で始められ，形作られた軟式テニスは，意図的にゴムボールを選択し，発達させたと考えてもいいのではないだろうか。つまり，ゴムボールは代用品として存在したのではなく，軟らかなボールのテニスである日本のテニスを形作るために，どうしても必要なものだったのである。そして，その軟らかなボールを生かすガット，ラケットの研究開発進められ，日本のテニス，軟式テニスを特色付ける技術が生まれたといえよう。では次に，このゴムボールを打つためのラケットの握り方で，ソフトテニスのための握り方とさえいわれるウェスタングリップについて考えてみよう。

4　ウェスタングリップは軟式テニスのオリジナルなのか

軟式テニスの特徴として必ず指摘されるのがラケットの握り方である。ウェスタングリップイコール軟式テニスといわれるほど，軟式テニスから生まれたグリップかのような印象を受ける。これは軟式テニスから硬式テニスへ転向し，ウィンブルドン大会やデビスカップに出場した清水善造や熊谷一弥が軟式テニスで使っていたグリップのまま良い成績をあげたことによる影響と考えられる。

ということは，軟らかなボールのテニスは，その誕生当時ウェスタングリップを使っていたのであろうか。前章で見てきたように，軟らかなゴムボールに力を加えて打つには，完全に手のひらがラケット面の裏側にくる方がよい。これは現在ウェスタングリップと呼ばれているものである。バックラインでのロビングの打ち合いが多く，トップスピンをかけたロビング中心のゲームが展開されていたことや，上前淳一郎の『やわらかなボール』にある「清水の軟式テニスで使っていたグリップで打ったロビングボールが海外の試合では有効であった」という記述から判断すると，ウェスタングリップが使用されていたと考えてよいだろう。しかし，ウェスタングリップの名前の由来はクレーコートの多いアメリカの西海岸のテニスプレーヤーのマクローリンが1900年代の初め頃にアメリカの東海岸で使われていたイースタングリップを工夫し発案したことによるといわれている。ウェスタングリップという名称はなかったが，完全に手のひらがラケット面の裏側にくる握り方が日本のテニスで発案されたグリップと考えてもいいだろう。

また，もうひとつの特徴としてフォアハンドとバックハンドを打つときのラケット面の使い方があげられる。それは，ローンテニスがグリップチェンジをしてフォアハンドと反対の面でバックハンドを打つのに対し，軟式テニスは手首を返して同じ面を使って打つということである。片面だけを使う方法は軟式テニスの独特な方法といわれるが，ウェスタングリップを発案したマクローリンもバックハンドは手首を返し，フォアハンドと同じ面で打っていたという。さらに，『日本庭球史』には，「ラケットは相手の打つ球の性質に応じ，持ち方を横握り，平握りに変える必要がある」という記述が見られる。これらから，片面でボールを扱うことやグリップチェンジをしないことが，軟式テニスの特性ということはできない。しかしなぜ，このようなグリップやラケット面の使い方が軟式テニスの特徴としてあげられるのか，この点を明らかにすることが，日本の風土で生まれ，日本人が育てたテニスの特徴を明らかにすることともいえるが，これについては別稿にゆずりたい。

まとめにかえて――ソフトテニスの未来

急速にルールが統一され，近代テニスの基礎が築かれたその時期に，ローンテニスという外来のスポーツ文化が異なった文化を持つ日本の中に導入された。そしてそれが普及していく過程で，独自性が追求されていく。こうして文化変容しながら形作られたのが軟らかいボールを使った日本のテニス，つまり軟式テニスである。残念ながら現時点ではこれを明確に立証できたとはいえないが，この仮説を立てる可能性があることだけは指摘できたのではないだろうか。

今，幸運なことに私は大学で硬式テニスとソフトテニスの授業を行っている。それぞれの技術を区別することなく，学生は相互の技術を織り交ぜながら楽しんでいるように見える。マイナースポーツという印象をソフトテニスから払拭することもこのスポーツの未来の方向である。しかし，軟式テニスがローンテニスから副次的に生まれたという意識が強すぎるとソフトテニスの競技的特性が見失われてしまう。つまり，メジャースポーツとして存在している硬式テニスと対峙した形ではないソフトテニスの特質を伝えていくことにもまた，捨てがたい可能性があるといえるだろう。そうすれば，軟らかなボールのテニスという独自の未来が見えてくるに違いない。

（林　郁子）

参考文献

・表孟宏編集『日本庭球史』遊戯社，1985年
・表孟宏編集『テニスの源流を求めて』大修館書店，1997年
・上前淳一郎『やわらかなボール』文藝春秋，1982年
・稲垣正浩『<スポーツする身体>を考える』叢文社，2005年
・稲垣正浩『テニスとドレス』叢文社，2002年
・日本ソフトテニス連盟『ソフトテニス指導教本』大修館書店，1994年・2004年
・武田博子『ソフトテニス入門』ベースボール・マガジン社，2005年
・『軟式庭球歴史資料展　図録』福知山市郷土資料館，1992年

5 英国スコットランドに残存する民俗フットボールについて

—その独自性と類似性—

はじめに

これまで民俗フットボールについては，それがどのような形態で行われてきたのか文献をたよりにいくつかの言及から理解されてきた。例えば，ダニング＆シャドは「前工業化時代の典拠資料の中に『フットボール』について言及されている場合，現代の文書に見られると同様な，常にどこでも，一つのルールでプレイされたゲームを意味しているのではない。つまり，名前が同じであっても，ゲーム自体が同じである保証はないのである。同じ理由で，各地方で異なった名前をつけられていた民俗ゲームの相違も，現代スポーツの場合ほどはっきりしたものであったとは限らない」[1)]とその多様性，類似性について述べ，中房も「フォーク・ゲームを要素別にみれば，特定の場所にだけ存在する要素から共同体を越えて広範囲に分布する要素まで様ざまあった」[2)]とし，相当数の資料の分析に基づきその「地域的多様性」を指摘している。しかし，このような言及は，民俗フットボールの実態を文書に残された記述から読み取り，ある部分はそれをもとにイメージを膨らませて理解されたものであり，その具体性に欠けることは否めない。

筆者は，サッカー及びラグビーの原形とされる民俗フットボールが，現在も英国の16箇所の町や村で行われていることを確認した[3)]。そして，これまで筆者はそのうちスコットランドに残存する７箇所に出かけ，それらのゲームを観戦し，文献・資料を収集し，さらにインタビューやアンケートによって情報収集も行ってきた[4)5)6)7)]。ここでは，時代の変遷により元形態からはかなり変質していることは承知した上で，残存する民俗フットボールにどのような違いと共通性があるのかを受け止め，それらの実態をもとにその多様性について検討したい。

現在，スコットランドではKirkwall, Jedburgh, Ancrum, Hobkirk, Denholm, Lilliesleaf, Dunsの7箇所の町でゲームが行われている。Kirkwallは，スコットランドの北部，Orkney諸島の本島の中心的な町であり，他の6つの町はイングランドに隣接するBorders地方に位置している（ただし，Dunsは他の5つの町からは少し離れている）。スコットランドでは，これらのゲームを ‘football’ と呼ばず，‘ba’’（バー）と呼んでおり[8]，特に，Bordersのゲームは ‘handball’（hand ba’）と呼ばれることが多い。

1　ゲームの特徴

実際にゲームを観戦し，これまで収集した資料をもとに，7つのゲームの特徴を整理してみたい。まず，それらを比較する視点として中房の研究[9]で示された分析視点を参考にして，①試合の開催日，②試合の開始時間，③参加者の年齢，④使用されるボールの数（ゲーム数），⑤チームの区分，⑥試合会場，⑦ゴールの場所，⑧参加者の数，⑨女性の参加，⑩試合時間，⑪ルールの有無，⑫ゲームの運営組織の有無，⑬ゲームの経済的基盤，⑭始球する人物，⑮勝者への褒美，⑯レフリーの存在，の16項目を設定した。表1は筆者がそれらを一覧に整理したものである[10]。以下では，7つのゲームの特徴についてそれらを比較しながら，さらにその理解を補完するゲームの情報も加えて考察したい。

(1)　ゲームの開催日

Kirkwallのゲームは，クリスマスと元旦に行われる。一方，Dunsを除くBordersのゲームは，以下に示すようなこれまで語り継がれてきた伝承詩rhymeに基づくその地方独特のカレンダーによってゲームの開催日が決められている[11]。ただし，それらは毎年同じ日程になることはなく，月日は特定できない。

First comes Candlemas, an syne the new moon
And the....

.....next Monday after that is Hobkirk Ba’.
.....next Tuesday after that is Lilliesleaf Ba’.
.....next Thursday after that is Jedburgh Ba’.

表１　スコットランドに残存する民俗フットボールの比較

	Orkney	Borders					
	Kirkwall	Jedburgh	Denholm	Ancrum	Lilliesleaf	Hobkirk	Duns
Population	7000	4000	600	400	250	200	2600
Date of playing the game	Christmas & New Year	The date fixed by the new moon	The date fixed by the new moon	The date fixed by the new moon	The date fixed by the new moon	The date fixed by the new moon	Friday after first Sunday in July
Time the game starts (Total time for the game)	Boys' Ba'– 10 am Men's Ba'– 1 pm	Boys' Ba' (Callants' Ba')– 12am　Men's Ba'– 2pm (B–1.5〜2.5h, M–about 5h)	About 4〜5pm (unfixed) (2〜2.5 h)	Boys' Ba'– 11am Men's Ba'– 1 pm (B– 1〜1.5h, M–about 4h)	1pm (until 3 pm)	3pm (5〜6h, occasionally until midnight)	6pm (1〜1.5h)
Ages of players	Boys' Ba'– 7 to 15 Men's Ba'– over 15	Boys' Ba'– 18 and under Men's Ba'– 16 and over	No rules (in practice, over high school age)	Boys' Ba'– under 16 Men's Ba'– 16 and over	Students from 5 to 11 (boys and girls in primary school)	No rules (in practice, adults)	No rules (in practice, over high school age)
Number of balls used	1 ball each (in both games)	Boys' Ba'– 5〜7 balls Men's Ba'– 10〜12 balls	7〜8 balls	Boys' Ba'– 2 or 3 balls each in 3 grades (under 9,under 12,under 16), Men's Ba'– 7〜8 balls	8〜10 balls (2 balls each in 4 grades and some balls for wedding celebration)	10〜12 balls (depending on donation)	3 balls (gold, silver, red and black)
Sides in the game	Uppies vs. Doonies	Uppies vs. Doonies	Uppies vs. Doonies	Uppies vs. Doonies	West (Westies) vs. East (Easties)	Uppies vs. Doonies	married men vs. single men
Field of play	All of the town (game is mainly played on the streets)	All of the town (game is mainly played on the streets)	All of the village (the game is mainly played on the village green and streets)	All of the village (the game is mainly played on the village green and streets)	Pasture (one division)	All of the village (the game is mainly played on the roads)	Market square (square in the town center)
Goals in the game (distance from goal to goal)	Uppies–the wall of old house Doonies–the harbor　(2km)	Uppies– Castle (eastern side) Doonies– Skip Running Burn　(1km)	Uppies– the bridge at Honeyburn (eastern side), Doonies– Gang (pasture on the western side) (1km)	Uppies–the wall of old house at the upper side Doonies–the bank on the lower side　(500m)	West– over the fence of the west side,　East– over the fence of the east side (100 or 300m)	Uppies–the wall on the upper side of the village,　Doonies–the bridge on the lower side (3km)	Blue drums (married men– south side,　single men– north side)　(70〜80m)
Number of players	Boys' Ba'–　50–70 Men's Ba'– 200〜300	Boys' Ba'– 50〜60 Men's Ba'– 40〜50	20〜30	Boys' Ba'– 10〜20 Men's Ba'– 20〜30	10〜20 in each student game,　40〜50 (adults, students) in a wedding game	10〜20	30〜40
Participation of women	Yes (but in practice, none of the players)	Yes (but in practice, none of the players)	Yes (but in practice, none of the players)	Yes (but in practice, none of the players)	Yes (girls and women play the game)	Yes (but in practice, none of players)	No
Ordinary duration of the game (minutes or hours/ball)	Boys' Ba'– 0.5〜3.5h Men's Ba'– 3〜9h	Boys' Ba'– 10〜30m/ball Men's Ba'– 15〜16m/ball	5〜30m/ball (practically 15m)	Boys' Ba'– 3〜15m/ball Men's Ba'– 5〜40m/ball	Student game–2〜10m/ball　Wedding game– 20m/ball	5〜60m/ball	20〜40m/ball
Rules of play	No written rules	No written rules	No written rules	No written rules	No written rules	No written rules	No written rules
Organization of the game	Ba' committee	Jedburgh Callants' Club (a senior member, Mr. Billy Gillies)	No	No (a coordinator: Mr. Iain Heard)	No	No (a coordinator: Mr. Henry Douglas)	Duns Summer Festival Committee
Economic Base	Donations from inhabitants	Donations from inhabitants and visitors	Donations from inhabitants	Donations from inhabitants	Donations from inhabitants	Donations from inhabitants	Duns Summer Festival Committee
Throwers for starting the game	Decision by the Ba' committee	Donors	Donors	Donors	Donors	Mr. Henry Douglas	Duns Castle family (first), Festival queen, girl (second, third)
Prize for the winner	Ball (the winner exhibits it in the house)	Choice of ball or money (£20〜30)	Money (£20〜50) or beer (14〜16 pints of beer from a pub owner,)	Money (£20〜25) and beer (in a pub); some meals are given by a pub owner to players	Money (£3 in a student game, £5 in a wedding game)	Money (£20–25)	Ball (the winner exhibits it in the house)
Existence of a referee	No	No	No	No	No	No	Yes (Mr.T. Redpath–postman)

.....next Monday after that is Denholm Ba'.

つまり，Candlemas（2月2日）の後にやってくる新月 new moon 後の月曜日に Hobkirk のゲームが行われ，その翌日に Lilliesleaf，その後の木曜日に Jedburgh，そして翌週の月曜日に Denholm のゲームが行われる。ここに記載はないが，Ancrum のゲームは，Jedburgh の後の土曜日に，Duns のゲームは，7月の第1日曜日後にやってくる金曜日に行われる。Duns では，もともと Fastern's E'en[12]（Shrove Tuesday）に行われていたが，それが中止され，1949年に再び町のサマー・フェスティバルの一企画（最終日前日の夕方に実施）として復活した時にその開催日となった[13]。伝承詩に名を連ねる町において，過去からの関係性については確認できていないが，何人かの同じメンバーが町を移動しながらゲームに参加しており，ゲーム当日だけではない交流もされている。

⑵ チームの区分と参加者

ゲームのチーム区分は，一般的には，町の上手（山側）と下手（海側），東と西というように地理的な要因により，特に男性の立場によって区分される[14]。その所属は，プレイヤーの祖父や父が教会やマーケット・クロス market cross の北側か南側のどちらで生まれたか，またよその地で生まれた者は，初めてその町に入ったのが北からかあるいは南からかなどによって決まり，女性はそれに従う。そして，町の北側（上手）で生まれると 'Uppies' と呼ばれ，南側（下手）で生まれた場合は 'Doonies' と呼ばれている。スコットランドに残存する7つのゲームのうち，Kirkwall，Jedburgh，Ancrum，Hobkirk，そして Denholm では，その 'Uppies' と 'Doonies' というチーム区分で行われている。しかしながら，Duns では既婚男性と未婚男性に区分され，Lilliesleaf では，East チームと West チームに分かれて争われている。

その参加者に目を向けると，Kirkwall，そして Borders 地方の Jedburgh，Ancrum では，大人のゲームと少年のゲームの2種類のゲームが行われているが，その他の Borders のゲームは，大人のゲームのみである。しかし，Lilliesleafでは，小学校の生徒たちだけのゲームが行われている。また，ゲームへの参加人数は，Kirkwallでは両チーム合わせて通常200～300人，Jedburghを除く他のBordersのゲームは20～30人とKirkwallと比べてかなり小規模である。他の町からの参加者もいるが，町の人口から考えると妥当な人数とも言える。また，Dunsはその町に住む男性しか参加できないが，他のゲームはよそ者の参加が許されており男女の制限も特にない。女性はスクラムの外から声援を送るか，プレイに加わったとしても時折スクラムを最後列から押す程度であり，女性がゲームを通してプレイする姿はほとんど見られない。そのような中で，Kirkwallでは，過去に2度だけ女性だけのゲームが行われた。男性が出兵し，ゲームの存続を絶やさないために，1945年のクリスマスと1946年の元旦にそれは実施された。その時の参加人数はわからないが，当時のゲームを観戦することになった男性はゲーム中の興奮した女性たちの格闘の姿など2度と目にしたくないとその壮絶ぶりを語ってくれた。

⑶　勝敗の決定

ボールは，町の中心，例えば教会やマーケット・クロスから投入され，それぞれ自陣にある自分たちのゴールに向ってボールを運んでゴールする。

Kirkwallでは，Uppiesは町の山手にある古い城跡に建てられた民家の壁にタッチするとゴールとなり，Dooniesはボールを持って港の海に飛び込むとゴールとなる。両ゴールの距離は約2kmである。Jedburghでは，UppiesはJedburgh Castleの城壁を越えて中庭にボールを投げ入れるとゴールとなり，DooniesはSkip Running Burnを通り過ぎたところにボールを置くとゴールとなる。両ゴールの距離は1kmくらいであり，一度ゴールをするとマーケット・クロスに戻り，次のゲームが開始される。Ancrumでは，Uppiesは町の西の端にある壁を越えてボールを投げ入れるとゴールとなり，Dooniesは町の東の端にある壁を越すとゴールとなる。両ゴールの距離は500mくらいである。DenholmとHobkirkでは，町の東西のはずれまでボールを運ぶとゴールとなる。Lilliesleafでは，他のゲームが町中で行われるのに対して，小学校の近くにある1区画の牧草地がゲームの会場となっており，それを区切る東西の柵を越えてボールを運ぶとゴールとなる。Dunsでは，町の中心の広場の南北の端（ゴール間の距離は70〜80m）にプラスチック製の青色のドラム缶が置かれ，そこにタッチするか，入れるとゴールとなる。

かつてゴールとされた建物が消失するなど町の環境が変化してきたことから，ゴールも変わることは当然であるが，例えばDunsのように過去のゲームのゴールがあった方向にゴールを設定するなど，何とかその名残でゴールは設定されている。ボールに群がり密集した中からプレイヤーが抜け出す場面をよく見かけるが，日が暮れ，暗くなると誰がボールを持って抜け出したのか，本当にゴールしたのかどうかを確認する方法を持っていない。そのあたりの曖昧さが残存する民俗フットボールには残っている。

Kirkwallでは，ゲームは，一つのボールがゴールするとゲームが終了する１点先取のゲームであるが，Borders地方のゲームは，ボールの数だけゲームが行われ，一応どちらが多くゴールしたかを競うと言われている。Dunsを除く他の５つのゲームでは，新生児の誕生や金婚や銀婚，さらには事業の成功などその１年間に起こった祝い事を記念して，寄付（賞金となる）を受けた人数分のボールが用意され，ゲームが行われる。そのためKirkwallでは１回だけのゲームで通常４，５時間かかるのに比べ，Dunsを除くBorders地方では，１ゲームはほぼ１時間以内で終わってしまうが，ゲーム全体が終了するまでの時間は，５，６時間はかかる。ただし，夜になり暗闇の中でプレイしなければならなくなると，ゲームの進行は早くなっていく。

⑷　勝利の意味と勝者への褒美

かつてKirkwallでは，町の下の手に住み，ほとんどが漁師であったDooniesが勝利すると，その年（次のゲームの開催までの１年間）の豊漁が約束され，一方，Uppiesの勝利は，穀物の豊作が約束されるという言い伝えにより，ゲームが争われた。つまり，どちらかに必ずよい未来が訪れると信じ，来るべき年に自分たちのテリトリーに住む住人の利益を得ることを第一目的に争われた。このように，かつては個人の利益よりもチーム（サイド）の利益を優先させ，それを得るための勝利に貢献することがプレイする者の役割と考えられていた。しかし，経緯は不明であるが，その後勝者という一人の立役者を選ぶことになる。Kirkwallでは，今でもどちらのチームが勝利したかについてのこだわりは強く，それは勝者と同じくらい１年間パブや家庭での団欒の話題となる。一方，Borders 地方のゲームでは，チームというサイドはあるが，Kirkwall のような集団の利益をめざすという意識が弱く，個人の利益，つまり賞金を得るためにプレイしているようにゲームを見ていて強く感じられる。これは，かつてのゲームにおいても勝者には賞金が与えられ，豪華な食事が振る舞われたこともあり，それが引き継がれているように思われる。

Kirkwall では，勝者にはその褒美として，ゲームで使われたボールが（修復された後）贈呈され，家宝とされる。それは自宅の居間などに人目につくように飾られ，自分が地域の誇りある存在であることを示すものとなっている。この Kirkwall のゲームでの勝者は，独特な方法で決定される。ボールを民家の壁にタッチし，またボールを持って海に飛び込んでゴールしたプレイヤーが勝者になるのではなく，その１年間，地域に貢献し，かつゲームの勝利に貢献する活躍をした者が勝者として選ばれる。そのため，ゴールしてから数分の間，ゴール付近で勝利したチームのプレイヤー同士が推薦する人物を勝者にするために激論し，かなりもめることもあるそうである。そのような貢献が求められることから，勝者は30歳後半から40歳前半の男性が選ばれることが多い[15]。この Kirkwall では，勝者には金品を与えられることは決してないが，Duns を除く Borders 地方の５つのゲームでは，勝者（子どもにも）に賞金が与えられ，またパブの主人から賞金の代わりに何杯分かのビールが振る舞われている。Jedburgh などのように，使用されたボールを得るか賞金を受け取るか選択するようになっているゲームもある。

また，ゲーム開始時にボールを投入する人物も Kirkwall と Borders では異なる。Kirkwall では，それはかつての勝者やその親，そして長年ゲームのために寄付をし続けた人物など，住民がそれにふさわしいと納得する人物が選ばれる。町ではこれも大変名誉なこととされている。一方，Duns を除く Borders 地方のゲームでは，前述の寄付をした人物がボールを投入するのが基本であり，Duns では，Duns 城の城主，サマー・フェスティバルのクィーン，そしてそのフェスティバルの案内役に選ばれた少女がそれぞれボールを投入することになっている。

(5) 戦利品としてのボール

かつて民俗フットボールで使用されるボールは牛や豚の膀胱であったと言われているが，スコットランドに残存する民俗フットボールで使用され，戦利品として，また勝者の証とされるボールはどのようなものであろうか。

Borders 地方のゲームでは，Duns のゲームを除いてほとんど同じ大きさのボールが使用され，4つの革を縫い合わせて，その中にわらを詰めた球形のボールが使用されている。それはおよそ直径10cm 程度の大きさで，クリケット・ボールがイメージされ，重さは200 g くらいである。ボールは馬具職人が作り，それを寄付している。ボール自体は革の色そのままのダーク・ブラウンであるが，その周りにボールを埋めるように色とりどりの長いリボンが結ばれているのが特徴である[16]。Duns では，直径15cm，厚さ7 cm のスコーンのような形状で，中に綿が詰められ，300 g ほどの重さのボールが用いられる。金，銀，赤&黒の3種類に塗られたボールが用意され，他の Borders のゲームほど鮮やかではないが，短いリボンがつけられている。

一方，Kirkwall のゲームで使用されるボールは，牛の革にコルクくずが詰められ，表面は黒と茶色の2色に塗られ，リボンはつけられていない。バレーボール大の大きさで，重さは約2. 3 kg でボールの周囲は70cm ほどである。そのボールは，現在3，4人の人物が本職を持ちながら，空いた時間を利用しておよそ1ヶ月（合計35時間くらい）かけて作られている。ボール・メイカーも住民から名誉ある存在として受け止められており，地元新聞にはゲーム開催前に先述の始球する人物とボール・メイカーの記事が必ず掲載される。

(6) ゲームを運営する組織

ゲームを運営するための明確な組織は Kirkwall においてのみ存在し，Borders 地方にはそのような存在はない。Kirkwall に存在するバー委員会 Ba' Committee は8名（各チームから4名ずつ）のメンバーで構成され，その役割は，①始球する人物の人選，②ボールを作るための寄付や資金の調達，③ゲームが始まるまでのボールの管理，④ゲーム中の家屋や施設の破損予防の啓蒙，⑤ゲーム後それらの破損が判明した場合のカウンシルとの協議などである。

2002年には，その前年のゲームで家屋の損壊の賠償について，カウンシルとの協議・交渉がうまくいかず，カウンシルがゲームから一切撤退すると声明を出したことから，ゲームが中止に追い込まれるという危機が起こった。住民の強い要望やその後の協議によってゲーム中にプレイヤーが家屋・施設の損壊をしないように注意を徹底することで落ち着いた。その予防の取り組みの一つとして，地元新聞には，ゲーム開催前の号に委員会とカウンシルの両者からその注意を求める記事が掲載されるようになった。

Borders地方において，JedburghではJedburgh Callant's Clubの数人のシニア・メンバーが，またDunsでは一応フェスティバルの委員会がゲームのコーディネイトをしていると言われているが，長年ゲームに関わってきた人物が個人レベルでゲームを運営しているというのが実態である。特にDenholmでは，その人物すら特定できない状況であった。彼らの役割としては寄付を集め，それを勝者に与え，自身もゲームに参加している。

2　独自性と類似性について

以上のことから，共通性が多いと受け止められるBorder s地方のゲームとKirkwallのゲームを比較対象として，その相違点を整理すると，①ゲームの開催日，②用いられるボールの数（ゲーム数），③ボールの形状（大きさや重さ，飾り），④ゲームの規模（プレイヤーの数），⑤試合時間，⑥ゲームの運営組織の有無，⑦勝者への褒美，などが挙げられる。しかし，Borders地方でありながら，Dunsのゲームは他と少し異なる要素を持っている。それは，Dunsのゲームが既婚と未婚のチーム区分を伝統として引き継ぎながらも，1949年当時の時代性を含み込んだゲームとして変容して復活させたことによる。そして，Kirkwallのゲームは，バー委員会という運営組織を持ち，入場行進のようなセレモニーがあり，Bordersのゲームの曖昧さとは異なり，厳格に定刻どおりゲームが開始されるなど儀式性を有し，民俗フットボールの中でも「共同体の生活パターンを構成する一要素として制度化されるまでに組織の整った」[17]ものであると受け止めることができる。

しかしながら，Borders 地方のゲームと Kirkwall のゲームには，いくつかの類似点も見られる。例えば，参加人数の制限はなく，明文化されたルールを持たないこと，ゲームが住民からの寄付で成り立っていること，Duns を除いてレフリーは存在しないなどは111頁の表1からもわかるが，それに加え，ゲーム中のプレイ行為においてもいくつかの類似性が見出される。それは，①ボールを蹴ることは稀で，ボールに群がる密集，あるいはスクラムプレイの連続，②ボールを密輸する（smuggle）というプレイが重要な戦術となること，③スクラム内での激しい身体の圧迫，④ときに激しい殴り合い，⑤着衣の破損などである。かつてのゲームは死を伴うほどかなり激しいものであったことは理解されているが，現在は年配者がそれを治めることができ，また家屋の損壊に対して自粛するなどプレイヤーが感情をコントロールできる範囲での激しさと理解される。そして，Borders 地方のゲームはいくつかの違いはあるものの，かなり類似している。ゲームの開催日が伝承詩に基づいて決められていること，ボールの大きさや装飾，勝者への褒美に加え，ゲームの様相がほとんど同じであるなど Borders という地域にある町や村が過去，そして現在も何らかの関係性を保ち，支え合いながら存続しているように思われる。地元の人々は口をそろえて Borders は「昔から保守的な地域だから」とその類似性の理由を問う質問に答えていた。

民俗フットボールのゲーム様相とボールの関係について，ボールはプレイヤーの興味や嗜好に合わせて変化したという指摘[18]があるが，ここで取り上げたゲームでは，ボールは単なるゲームの一用具ではなく，それには一定の意味や思いが込められた不変の存在としてゲームをどのようにして楽しむか追求されてきたように思われる。この解釈には Borders のゲームと同じような小さなボールを用いながら，かなりの頻度でボールをキックしてプレイするイングランド北東部に残存する Sedgefield のゲームの存在が参考になる。

おわりに

ここでは，スコットランドの南端と北端とも言える地域に，その多くが消滅して150年以上が経過しているのにもかかわらず，現在も存続している民俗フットボールの発展形態の実態をゲームの観戦に基づいて整理した。そして，地理的に隣接し，かなり類似性が認められても，全く同じゲームは存在せず，多様性をもって存続していることが改めて確認された。

これらのゲームの理解をもとに，さらに過去に行われていたゲームから何がどのように，そしてなぜ変容したのか，今まで断絶していた民俗フットボールの発展過程を探ることは，スポーツの近代化の過程や内実の解明につながるであろう。

（吉田文久）

註

1）E. ダニング＆K．シャド，大西鉄之祐・大沼賢治共訳『ラグビーとイギリス人』ベースボール・マガジン社，1983年，p.32

2）中房敏朗「イギリスにおけるフォーク・ゲームの成り立ちとその多様性に関する研究」『スポーツ史研究』第４号，1991年，pp.44－45

3）筆者は，英国ではスコットランドに今回取り上げた７箇所のほか，イングランドには，Workington，Alnwick，Sedgefield，Atherstone，Ashbourne，St.Columb Major，St.Ives，Haxey, Corfe Castle の９箇所で民俗フットボールが行われていることを確認している。

4）拙稿「スコットランド・ボーダーズ地方に残る民俗フットボール―ホッブカークのバー・ゲーム―」『名古屋短期大学研究紀要』第40号，2002年，pp.273－278

5）拙稿「カークウォールのバー・ゲームにみる民俗フットボールの内容と変遷（その１）―ゲームの概要とゲーム展開―」『名古屋短期大学研究紀要』第41号，2003年，pp.111－125

6）拙稿「民俗フットボールを支える人々のゲームに対する意識―カークウォールの住民に対するアンケート結果―」『名古屋短期大学研究紀要』第42号，2004年，pp.195－212

7）拙稿「スコットランド・オークニー諸島のカークウォールのバー・ゲームについて―John D.M.Robertson 氏へのインタビューから―」『名古屋短期大学研究紀要』第43号，2005年，pp.223－232

8）「ba'」は，ball から派生したスコットランド独特の言い方であり，それはゲームで用いられるボールを指す場合とゲームそのものを指す場合がある。

9）前掲書２）

10）ここでは，ゲームの理解を正解にする目的から敢えて英文表記とした。

11）この伝承詩は，エジンバラ大学セルティック＆スコットランド研究所のエミリー・ライル（Emily Lyle）博士から得た資料からの抜粋である。

12）Fastern's E'en は Shrove Tuesday とほぼ同じ使い方がされるが，全く同日になるとは限らない。これは，スコットランド特有の表現であり，伝承詩にその日が規定されている。(J.D.M. Robertson, "Uppies & Doonies", Aberdeen University Press, 1967, p.208に詳しい)

13）Duns のゲームについては, "A Report on the Folk Football Game surviving in the Borders, Scotland – about Duns Hand Ba' –"『スポーツ人類学研究』第３号，2001年にまとめたので，参照されたい。

14）民俗フットボールのチーム区分については，E. ライル博士の "Winning and Losing in Seasonal Contests", Cosmos – the yearbook of the Traditional Cosmology Society, Vol.6, 1990, pp.161－171が参考になる。

15）Kirkwall のゲームの勝者については，E. ライル博士の "Winning a Ba' "（セルティック＆スコットランド研究所報 TOCHER 所収）を筆者が翻訳した「勝者の誇り」及び「その補足」（『スポーツ人類学研究』第５号，2003年，第６号，2004年）に詳しい。

16）ボールに結ばれるいくつかのカラーリボンの意味について，次のように言い伝えられている。'the Catholic "feast before the (Lenten) fast", to pagan days of "the first spring light" (the new moon) with the throwing up of the ball as her uprising and the ribbons attached to it (Jedburgh once more) the streamers from her rays' (A. Buist, "The Same With A Difference", Scots Magazine, Vol.74, No.4, 1961, p.316)

17）R. W. マーカムソン，川島昭夫他訳『英国社会の民衆娯楽』平凡社，1993年，p. 80

18）同上，p.79－80

※本研究は，科研費（18500503）の助成による調査研究にこれまでの成果を加え，まとめたものである。

第 3 部
歴史に立ち合う

1 通し矢と試合剣術

—江戸時代の武術における競争原理の系譜—

はじめに

武とは，単に抽象的に捉えられるものではなく，実体（武の技法）として営まれる。その営為の意味機能は多様であろう。本稿では江戸時代に競技として行われた通し矢（堂射）と試合剣術を対比的にとりあげ，それら競技の意味機能について若干の考察を試みる。

さて，江戸時代，徳川幕藩体制のなかで武士の生活を規制したのは武家諸法度である。ただし，元和元（1615）年に定められた武家諸法度は数度改定され，天和 3（1683）年には，第一条の「文武弓馬之道専可相嗜事」が「文武忠孝を励まし，可正礼儀之事」と書き改められた。すなわち，「弓馬の道」に代わって儒教的道徳が措定され，武士として意識すべき事柄は，文を学び武芸に勤しみ武士の本分たる「弓馬の道」を実践することから，文武に勤しみながら道徳を守り，支配階級であることを意識して常に威儀を正して生活することとされたのである。

江戸時代の武の転換期は，天和令発布の少し前の1670年代，寛文期末から延宝期の頃にあったと考えられるが[1)]，いまここで ’70年代の10年を端境期として，江戸時代のこれ以前の約80年をＡ期，以降の約200年をＢ期として区分し，本稿の課題を考察してみたい。すなわち，Ａ期に盛んであった武術の競技形態が，通し矢の「全堂」の「大矢数」であり，Ｂ期の後半の100年間ほどに次第に盛んとなったのが，竹刀と防具を用いての試合剣術である。

1　通し矢競技の盛衰

江戸時代における三十三間堂の通し矢競技については，主に今村[2)]、石岡[3)4)]、入江[5)6)7)]らの研究に依拠して考察していくことにするが，まず，通し矢競技の方法，種別について，全体像を確認しておきたい。

通し矢競技は，慶長11（1606）年１月19日に尾張清洲藩松平下野守忠吉の臣浅岡平兵衛直政が，京都蓮華王院（京都三十三間堂）の裏手の66間[8)]の縁に沿って51本の矢を射通してその武を誇り，矢数を記した額をあげたことを始めとする（ただし三十三間堂に矢を射通すという行為の記録は古くからある）。以降，幕末まで延べ823名の射手が挑戦することになる。加えて，京都三十三間堂の通し矢が天下の注目を集めると，江戸では浅草（後に深川）に三十三間堂が建設され，幕府や諸藩の援助をうけて維持され，正保２（1645）年から幕末まで，延べ543名の射手がこれに挑んだ。

通し矢競技の本来の形態は，夕方の六時（暮六ツ）から翌日の同時刻迄の24時間をほぼ連続して射て，66間の通し矢数を競うものであるが，次第に種目が増えて，この競技種目を全堂（66間）の大矢数と称して，これ以外に半堂（33間）と50間の大矢数，全堂と半堂と50間のそれぞれの日矢数（明六ツから暮六ツ），全堂と半堂と50間のそれぞれの夜矢数（暮六ツから明六ツ），全堂と半堂と50間のそれぞれの千射，全堂と半堂と50間のそれぞれの百射と，各種多様な競技となった。

競技は厳格に執り行われ，吉田印西，吉田雪荷，吉田大蔵，木村寿徳，伴道雪，石堂竹林の各流派から１名，都合６名が審判団（堂見）を構成し，南側の縁の小口より北にむかって射通す矢数を確認し，記録した。

京都三十三間堂と江戸三十三間堂における通し矢競技の種目別・年代別実施人数，及び実施者の所属・年齢，あるいは総射数に対する成功射数の割合等々についても，すでに詳細に検討されている。これら従来の研究に基づいて，筆者がここで注目しておきたいことは，種目の盛衰についてである。

京都三十三間堂の「全堂大矢数」の最盛期は，元和偃武の直後の1620年から1640年（寛永期）である。1620年代には延183名が，1630年代には延102名が挑戦し，1640年には尾州の長屋六左衛門が通し矢数6323本を記録した。これに続く盛期が1660年代（寛文期）であり，延90名が挑戦し，1669年に尾州の星野勘左衛門が通矢数8000本を記録した。紀州の和左大八郎が最高の通矢数8133本を記録したのは1686年のことであるが，しかしこの時に競技としての大矢数に対する興味は次第に薄れつつあり，大矢数の挑戦者は漸次減少した。1642年には江戸でも京都に模して三十三間堂が作られ，その活況は京都に比するほどではなかったとはいえ，1650年代から60年代には京都と同じく大矢数の競技が盛んに行われた。

1680年以降（すなわちＢ期）に大矢数に代わって三十三間堂の競技の主役につくのは，京都も江戸も千射である。そして1800年以降には百射がその座についた。千射と百射の盛衰の状況は京都と江戸に大差はなかった。

2　大藩の示威行為としての通し矢競技

入江[9)]は，大和流の『矢数記』を中心資料として，一少年がいわゆる「堂に入る」までの修練過程を述べているが，13歳の少年の半堂大矢数であるにもかかわらず，約１年５ヶ月の特別の準備期間を要し，本番を想定しての予行演習を３度行っている。さらに最近の研究で入江は，大藩の京都三十三間堂に模した稽古施設の設置の状況[10)]や，射手のトレーニング過程における漢方薬の使用の事例[11)]について言及している。これからするに，全堂の大矢数に挑戦した射手たちは，現代風にいえば，おそらく日本のスポーツ競技史上において，国策的な支援をうけてもっとも過酷な修練を積んだアスリートであった。

前述のように，全堂の大矢数はＡ期，それも特に元和偃武の直後に最盛期となる。いまだ戦国の遺風が強く，幕府も大名統制に躍起となっていた。この時，全堂大矢数の主役を演じたのは，紀州藩・尾張藩・加賀藩といった大藩の家中の者たちであり，矢数の記録を打ち立てた吉田大内蔵（加賀藩），長屋六左衛門・星野勘左衛門（尾張藩），和佐大八郎（紀州藩）らは，大藩が総力をあげて訓練し，蓄積したノウハウをすべて尽くしてサポートした，選りすぐりの射手たちであったのである。

このようにＡ期に，大藩の間で繰り広げられた全堂大矢数をメインとした通し矢競技は，いかなる意味機能を内在させていたのであろうか。

幕府は，武家諸法度元和令で「文武弓馬之道専可相嗜事」としながらも，元和偃武として武器を納めて用いないことを宣言する。武士がその存在の意味において修練する武と，政治政策的に平和のための抑止力として必要となる武との間にズレが生じ，また武士は日常に修練する武技を発揮する場を失う。このような情況のなかで，戦国の遺風を残す有力大名と「弓馬之道」に勤しむ武士がその心理的満足を得るために，また政治政略的な武の示威機能も含めて，実戦の代替として行ったものが，この時期（A期）の全堂大矢数の通し矢競技であったと考えられる（示威としての武）。そしてまた通し矢競技は，武の技法の優秀性を客観的に評価するシステムとしては，過去に例をみないほどに高度化されたものであった（競技としての武）。

ところで，武士と武芸者をことさら区別しなくてはならない情況が顕在化したのはこの時期（A期）であると考える。すなわち，諸藩のそれぞれが一国として武力の独占のシステムを作り上げる必要があり，武術教授の専門職の需要が生まれてくる。また，技術の進歩や蓄積，浪人の激増による競争の激化などによって，技術が秘伝化して流派による巧拙が問題となったり，指導力が問題となって師の善し悪しが取り沙汰されたりするようになる。あるいは武術教授役としての採用を求めて廻国する者の存在もあった。

これを武芸者の側からいえば，この時期には武に専心するということの社会的承認が存在したし，その環境も存在したことによって，武を芸能として職を得ることが可能な時代であった。けれども，必要とされる武の内容は幕藩体制の確立とともに急速に変化しつつあり，国（藩）策的な競争原理のなかで勝ち抜いた武芸者のみが社会的承認を得るという厳しい時期でもあった。

3　疎外される射手，そして武の華法化

全堂大矢数に挑む射手は，幼少から藩の支援を得て，少年期から青年期の全生活を厳しい修練に費やす必要があった。そのような射手の人生の一側面について，尾張藩近松茂矩が『昔咄』[12)]に書き残している。

「勘七（衆原勘七），天下一長屋六左衛門が弟子，指矢射手にて，京へも三度矢数にのぼりし。幼少より弓にのみ出精し，無筆なりしに，その父ゆへありて閉門，仰付られしゆへ，勘七も共に三年閑居せし。其間手習のミして，

扱もよき手なりといふ程に書きし。」

18世紀（B期）には，いくらかつての京都三十三間堂の射手であろうとも，文の素養なしには武士として通用しなくなる。A期の通し矢競技の射手が，過熱した大藩間の競争の渦中で使い棄てられ，疎外をうけた姿がここに浮かびあがるのである。

さて，江戸三十三間堂を設立したのは商人であったが，B期にはいると次第に幕府や諸藩が共同で維持していくようになる。また，B期には京都，江戸ともに全堂大矢数は衰退し，千射や百射といった競技性の稀薄な，練武的な試射に代わった。つまり，B期の通し矢は，A期の通し矢とは実態も意味機能も様変わりした。

B期には，通し矢競技に象徴的にあらわれた大藩レベルでの競争原理に基づく武は後退し，身分制によって秩序づけられた太平の世と，儒学に基づいた文治政治のなか，武は華法としての実相を顕在化する。

「華法化」とは，業より理の重視，秘伝の細分化と相伝段階の重層化，金許の一般化などにその特徴が求められるが[13]、華法化の内実をこれらの面からのみ捉えるのでは不十分である。実戦のない情況における武士と武，そして文治政治下における武士と武の関係を考慮しなければならない。

実戦のあった時代には，武は，実戦の武から発して当該社会の権力や思想や規範によって練りあげられた体系的な武を形成し，それが軍事教育のみならず，儀礼や遊戯のなかにも様々な「型」として溶け込んで，当該社会の維持装置として働く。その武を実践する武士は社会的に意味ある存在である。

実戦のない時代には，実戦のあった時代の残存，すなわち伝承された武器や武具にそくして，これまた伝承された方法（「手」や「型」）による武から発して，その有効性を模擬戦や競技において検証し，実戦のイメージのなかで武の再生産をすることになる。ところがこのB期にはいると，武の再生産をになうべき武士は，家業世襲制度のなかで武をとおしての立身出世の方途を失い，経済的にも問題を抱える者たちであった。このような情況で社会に立ち現れてくる武が，技法を秘事・秘伝化して流派（師家）をたて，実力主義を取らないという華法の様相を顕在化したものであっても，それは武の社会化の一つの在り様であると捉えなければならい。

山鹿素行などの儒家は,「士」としての「道」を明らかにせよという。つまり,家業世襲制度の確立のなかで,その職分を明確にしてそれを遂行するための修養に務めよという,儒学思想による社会的秩序維持のためのレトリックを積み重ねて,武士は武士としての個（存在基盤）を確立することを求められる。江戸時代を通して剣術だけでも600を超える流派が生まれて,自流の正統性,優秀性をそれぞれ主張するのであるが,これを武の衰退ではなく,武に根源的な〈多様性〉〈多義性〉が,この時期に実体となって華が開いたと,肯定的に捉えるのが筆者の立場である。[14)]

4　試合剣術と立身出世

江戸時代中期における武芸（華法としての武）は,技法の優秀性を客観的に評価するシステムを欠いていたことは確かであるが,18世紀末から状況が変わる。すなわち,寛政改革より顕著となる家業世襲第一主義から人材主義への転換をうけて,競技のシステムが復興しはじめる。

例えば,津山藩では天明7（1787）年に,剣術と槍術の師範役の吟味が他流試合によって行われている。各師家は門人のなかから10人に1人の割で世話代を選び,各世話代は他流派の世話代と「しなへ,面,小手」を用いた「試合」を実施する。そしてこの成績によって師範役の存廃が決定する仕組みであった[15)]。武術師範役の選出に競技のシステムが導入されたのである。

剣術の稽古法の一つとして,簡便な防具を身につけてシナイや木刀で乱打する方法は,江戸時代以前にまで遡ることができる。安全に試合をする必要から,シナイは「袋韜」,顔や拳がぶつかって怪我をするのを防ぐために「面頬」と「手袋」の類を身につけて,「明処」(甲冑では防御できない「脇つぼ」や「拳」）をねらって乱打の試合をする[16)]、というのが元々のスタイルであった。これが江戸時代中期にはあまり行われなくなり,18世紀末からの競技のシステムの復興にともなってまた復活してくる。ただしここで復活してくるのは,素肌の武者を想定して,「面」や「小手」の防具で覆われた部位を打ち合うという新方式の試合剣術である。

他流派の者と試合をするのであるから，当然に自流内でも試合の稽古をする必要が生ずる。試合剣術のノウハウを持たない流派の場合には，そのノウハウを持つ流派の傘下にはいるとか，どこかから試合の方法と技術を導入しなければならない。したがって，18世紀末から，試合技法を目玉とした流派の統廃合や新流勃興という，剣術界の再編成がスタートする[17)]。試合技法も変化して，防具の形状，機能も急速に変化した。天保期（1830－44）には，面，小手，突，胴などの打突部位を堅固な防具で覆い，シナイも長くて堅い「四ツ割竹刀」を用いて「打ち込む」という，「竹刀打込試合剣術」[18)]となり，竹刀は試合における有利さを求めて長くなり，4尺を超える長さの竹刀を使用するものもあった。技法も軽妙，奇手のものが増え，刀を持った場合にはできないような技も行われるようになるという現象が生じ，剣術は軍事技術から離れて，競技，競争のシステムとして自己目的化した。

さて，幕末の江戸で剣客として名をなした者が農民出身者であったり，足軽同心といった武士と農民の境界的身分の者である場合もあった。あるいは，諸藩武学校で幕末に剣術教授方などとして新規採用される者は，直心影流，一刀流（北辰一刀流など），神道無念流などの試合剣術を主体とした流派に属し，競争原理（他流試合，廻国修行）のなかで世に出た者たちであり，武士とはいえ下級の者が多かった[19)]。剣術は18世紀末以降，従来の門閥や身分にとらわれないシステムとして，立身出世の手段になりえたのである。

諸国を武者修行する者を引き入れて他流試合を実施するための施設（「演武場」）を設ける藩もあり，江戸，京都，大坂の三都には町道場が乱立した。諸藩では武術遊学の制度を設けて，三都の有名道場や，江戸の旗本幕臣の著名な師家道場に家中の者を遊学させ，試合剣術を学ばせるようになった。西国の江戸藩邸では「撃剣大会」[20)]を開催する所もあった。幕府によって設立された講武所（1856—66）では，竹刀は曲尺で3尺8寸の長さに定められ[21)]，幕臣の著名剣術家によって上覧試合が繰り広げられた。幕末動乱の世に，一見，時代錯誤とも思われる試合剣術熱が出現したのである。

５　生業としての剣術師匠

幕末の諸藩は，試合剣術に秀でた家中の者を家格が低くとも藩の稽古場の剣術教授の役職に取立てた。ただし剣術家としての立身出世とは，このような武士社会の内部にだけあるのではなかった。

三都の町道場が，武士社会という枠組みからすでに越境した存在であることからも分かるように，実は江戸時代を通じて武術師匠という存在は，村落社会においてこそ，その存在意義を持っていたと考えられる。

実例をあげよう。信濃国松代藩領の村落には，ここを基盤とする武術師匠（武術流派）が多数存在していた[22]。松代藩領埴科郡生萱村に生まれた相澤陸朗武久（1793―1852）は，17歳で上田藩の足軽宮下家の養子となり，江戸の小野派一刀流中西忠兵衛子正の門下となり剣術修行に打ち込む。後に北辰一刀流を興す千葉周作成政と同門である。陸朗は試合剣術家として名をあげ，文政３（1820）年11月11日に「一刀流兵法本目録」を得，上田藩ではそれを認めて足軽身分のままではあるが「剣術師範役」として迎え入れる。しかしそのわずかに２ヶ月後に陸朗は上田藩を出奔し，村落の武術師匠の道を選択する。その後，信濃，越後の宿駅や村落部を巡り，短期逗留して剣術教授をして門人を獲得することに成功すると，下諏訪大社に門人名を書き上げた大扁額の奉納を挙行，天保11（1840）年に念願であった自前の道場を生地である生萱に建設し，以降は私塾道学館を経営するところとなった[23]。

剣術を生業として立身出世する方途は，このように武士社会から村落社会にまで広く開かれており，試合剣術という競技のシステムのなかで競争に勝ち抜くことが個人の立身出世につながるという，個人の間に生ずる競争原理がここに機能していたのである。

おわりに

通し矢と試合剣術は，武術の競技化の一形態として同様に扱われがちだが，Ａ期の全堂大矢数をメインとした通し矢競技と，Ｂ期後半の試合剣術との間には原理的，意味的な違いが見いだされるだろう。

Ａ期の通し矢競技には，近代のオリンピックゲームやワールドカップサッカーで時として問題として顕在化したことと同種の競争原理のあることを指摘すべきであろう。国を大藩に置き換え，国策的に鍛えられた選手を，大藩の射手に置き換えてみればよい。A期の通し矢競技は大藩（国家）同士の間に生ずる競争原理の上に成り立っていた。そしてここには，大藩（国家）のパワーゲームに巻き込まれて，疎外を受ける射手の姿が浮かびあがる。

これに対し，B期の後半，幕末に至る動乱のなかで悲劇的な運命をになった剣術家もいたが，試合剣術に情熱を傾けて努力によって剣術を生業として自立するものはそれ以上に多かった。そしてそれは武士社会という枠組みを超えていた。試合剣術という競技のシステムは，幕藩体制崩壊のパワーゲームの渦中にありながらも，経済原則の原理に立脚し，個の自己実現を達成する装置として機能していた。B期の後半の「試合剣術熱」には，純粋な意味で個人的な利害，あるいは個人的な意味に基づく競争原理を見いだすのである。

（榎本鐘司）

註

1）1670年代，すなわち寛文期末から延宝期に，儒学に基づく修養論を強調した一流一藩の武術流派が多数成立して行くという実態がある。榎本鐘司「一流一藩武術流派形成に関する一考察—養勇流伝書形成に見られる儒学の影響—」南山大学紀要『アカデミア』自然科学・保健体育編第2巻，1984年，pp.21－33

2）今村嘉雄『十九世紀における日本体育の研究』不昧堂，1967年

3）石岡久夫「京都三十三間堂通し矢の分析的研究」『國學院大學体育学研究室紀要』第1巻，1969年，pp. 5 －17

4）同上「江戸三十三間堂通し矢の分析的研究」『國學院大學体育学研究室紀要』第4巻，1972年，pp.25－39

5）入江康平「浅草三十三間堂における堂前の研究」『武道文化の研究』1995年，pp. 3 －34

6）同上「競技場としての堂射施設に関する研究」『武道学研究』第40巻第2号，1984年，pp.37－50

7）同上「堂射にみる武術のスポーツ化に関する一考察」『身体運動文化研究』第13巻第1号，2008年，pp.31－47

8）入江康平の研究（前掲書6））によれば，京都三十三間堂の「三十三間」とは内

陣の間数を指し，「一間」も長さとしての一間（いっけん）ではなく，単なる柱と柱の間（あいだ）という意味であり，京都三十三間堂の西側外縁の射手が射通すべき空間の距離は121.73ｍであるとしている。

９）前掲書５）

10）前掲書６）

11）前掲書７）

12）名古屋市教育委員会『名古屋叢書』第二十四巻（雑纂編一），1963年，pp.107－399

13）渡辺一郎『幕末関東剣術英名録の研究』渡辺書店，1967年，p.352

14）榎本鐘司「江戸時代の武士社会における武―平時における武の象徴性について―」『東海武道学雑誌』第２巻第１号，1998年，pp.１－７

15）渡辺一郎『旧津山藩学制沿革取調書・学鑑要略』東京教育大学武道論研究室，1977年

16）榎本鐘司「虚無僧の武術廻国修行について―寛延３（1750）年「一貫青山狭川先生仕合始末」をめぐって―」『武道学研究』第29巻第２号，1996年，pp.１－14

17）榎本鐘司「文化文政期の西南地方における剣術他流試合の動向―伊予史談会文庫『撃剣試合覚帳』の分析を中心に―」南山大学紀要『アカデミア』自然科学・保健体育編３，1987年，pp.１－９

18）榎本鐘司「幕末剣道における二重的性格の形成過程―競技性の顕在化および伝統性と競技性の折衷―」『日本武道学研究・渡辺一郎教授退官記念論集』1988年，pp.344－371

19）前掲書17）及び18）

20）財団法人全日本剣道連盟編『剣道の歴史』全日本剣道連盟，2003年，p.244

21）榎本鐘司「講武所剣術方と上覧試合剣術―小川町講武所における試合剣術の変質について―」南山大学紀要『アカデミア』自然科学・保健体育編第14巻，2008年，pp.１－14

22）榎本鐘司「北信濃における無雙直傳流の伝承について―江戸時代村落の武術と『境界性』―」『スポーツ史研究』第７号，1996年，pp.21－37

23）榎本鐘司「江戸時代後期の信濃村落における武術伝播・受容の一形態―相澤陸朗武久の武術修行・立身・伝播活動から―」南山大学紀要『アカデミア』人文・社会科学編第71号，2000年，pp.259－297

（付記：本稿は，スポーツ史学会会報『ひすぽ』No.29（1995年３月）の特集テーマ「競争原理の系譜について」に寄稿した小論「通し矢と試合剣術―江戸時代の武術における競争原理の系譜―」と，平成８年度（財）水野スポーツ振興会助成金研究報告書（研究代表者榎本鐘司）に寄稿した「江戸時代における武―武士社会の武・村落社会の武―」の一部を骨子としている。）

2 現代サッカーにおける「フーリガン」問題再考

――「フーリガン」という用語に潜む「暴力」性について―

1 「フーリガン」問題の所在

スペクタクルとしての現代サッカーにおいて，暴力行為に及ぶ観客を指す用語として「フーリガン」(hooligan) という言葉が広く用いられている[1)]。1980年代イギリスにおいては，サッチャー政権のもとで大々的な「フーリガン対策」が推進されたが，「対フーリガニズム戦争」というキャッチフレーズが公然と掲げられることにより，「フーリガン」という用語が大きな機能を果たしたのである[2)]。1989年には，「フーリガン」の取締りを専門とする「フットボール観客法1989」[3)]が成立したが，同法の最大の特色は，暴力行為に対する現行犯逮捕としての従来の取締りから，「フーリガン」の発生を未然に防ぐための，犯罪予防としての取締りを可能にしたことである。この法令の成立は，イギリスにおける「フーリガン」問題において大きな歴史的転換点として位置づけられる。なぜなら，多用される「フーリガン」という用語に権力側の理想が集約され，人々に疑念を抱かせることなく，「法的暴力」の発動を正当化することが可能になったからである。同法成立以前においては，「フーリガン」と一般の「サポーター」を分離する領域が，曲がりなりにも明確にされていた[4)]。ところが，実際に何らかの暴力行為に及んでいなくとも，「フーリガン」になる疑いがあると判断された場合は，警察署への出頭が義務付けられ，一定期間にわたる身柄の拘束が認められたのである。

しかしながら，法や警察による強制力の絶え間ない発動は，逆説的に言えば，権力側の目指すべき理念が達成されていないということでもある[5)]。問題の根源は，現代サッカーを統括する権力側の「暴力」と，権力側の思惑に反する「暴力」が相対的に衝突する事例でありながら，権力側による「暴力」だけが「正しい暴力」として認められていることにある[6)]。その「正しい暴力」の発動が，スペクタクルとしての現代サッカーにおいて一種の不寛容を引き起こし，その結果として，新たな「法的暴力」が発動される。この「アンフェア」とも言うべき現状は，われわれには巧妙に隠されている。その要因としては，法や警察による強制力といった，直接的に認知される「暴力」に加えて，直接的には認知されにくい「暴力」の効果が挙げられる。「フーリガン」という用語の流布によって，人々のあいだに共通の認識が形成され，それがひとつの強迫観念として作用するのである。人々は，「フーリガン」として認知されないように，自らの言動を極力抑制するようになる。結果として，ヨーロッパ諸国のリーグ戦などにおいては，「フーリガン」問題が沈静化しているかのように見受けられる7)。そこでは，従来の警備体制に加えて，一般の人々の認識を拘束する共通認識の効果が作用している。それは，「法的暴力」の効果ではなく，むしろ，権力構造を反映した言説による「暴力」である。それが，「フーリガン」という用語に潜む「暴力」性なのである。

本論文では，「フーリガン」という用語に潜む「暴力」性について明らかにすることにより，混迷する「フーリガン」問題の構図の一端を究明する。とりわけ，19世紀末イギリスにおいて，暴力行為に及ぶ労働者階級の若者を指して「フーリガン」という用語が流布された歴史的事実に着目する。

2　「フーリガン」言説の発生に潜む「暴力」性

‘hooligan’（「フーリガン」）という言葉は，19世紀末イギリスにおいて，暴力行為を働いて都市治安を乱す労働者階級の若者を指す言葉として用いられた。『オックスフォード英語大辞典』8)によれば，「フーリガン」の語意は，「ギャングの一種・暴力行為を引き起こす若者」とされている。言葉の語源は基本的に不明とされているが，暴力行為を働くことで有名なアイルランド人一家の名前から派生したという説が最も有力である。この用語が広まったのは，1898年夏，ロンドン市街において大々的に発生した若者集団による暴力行為に関連して，英国警察裁判所が「フーリガン」という用語を用いて報告書を作成し，それが新聞に掲載されたことによる。井野瀬久美恵は，

『フーリガンと呼ばれた少年たち―子どもたちの大英帝国―』[9]のなかで，1898年８月15日にロンドン市街で発生した少年たちによる大規模な集団暴力に関連して，翌日の新聞各紙が「フーリガン」として報道したことに，「フーリガン」言説の発生を位置づけている。当時，「フーリガン」という用語は，フットボールという領域に限定されず，ロンドンのような市街地などで，集団で暴力行為を働く労働者階級の若者を広く指していたのである。少年たちによる暴力行為には，器物破壊，他の若者集団との抗争，略奪や窃盗など，平穏な市民生活を脅かす行為が含まれた[10]。「フーリガン」という用語は，「ギャング」的な素質を持った「不良少年」による，蓄積したやり場のない怒りの噴出であり，その用語に媒介されて，人々は共通の認識を共有することとなるのである。

しかしながら，「フーリガン」という用語によって形成される共通認識により，「フーリガン」発生の原因となる根本的理由が問われずに，問題の所在が曖昧にされることにもなる。さらに，現代サッカーにおいては，「フーリガン」という用語によって，権力側による「法的暴力」の正当化へと繋がっている点については，上述したとおりである。すなわち，若者による抵抗としての「暴力」の発動には，若者を極限にまで追い込む直接的な要因があったはずである。にもかかわらず，「フーリガン」という用語によって，労働者階級の若者に対する偏見に満ちた共通認識が形成され，本来考慮されるべき問題の根本的要因が隠蔽されているのである。さらに，労働者階級の生活様式とは全く無縁とも言える中産階級の人々のあいだには，ごく普通の労働者階級の若者が，社会に抵抗する「フーリガン」であるかのようなイメージが形成されることとなる。結果として，支配階級としての中産階級によって，労働者階級の若者に対する「暴力」が発動されることとなる。スティーブン・ハンフリーズは，『大英帝国の子どもたち―聞き取りによる非行と抵抗の社会史』[11]において，貧困のどん底にあえぐ当時の生活情況において，完全に犯罪組織のなかで生活することを決意した小数の若者を「不良少年」と位置づけ，労働者階級の若者すべてが「フーリガン」ではないという見解を示している。確かに，犯罪組織とは関係のない若者が暴力行為に及ぶ事例も見られたが，その要因を引き起こした根本的要因も併せて考察されねばならない。「フーリガン」という用語の多用は，問題の所在を曖昧にするものだと言える。

19世紀末イギリスにおいて，「フーリガン」という用語が世間に広まった社会的背景には，大英帝国の興隆と衰退に起因する危機意識が，支配階級のあいだに急激に高まったことが挙げられる[12)]。そのきっかけが，1899年に南アフリカで発生したボーア戦争である。本国から多数の兵隊を派遣する必要から，兵役に志願した労働者階級の若者を対象に身体検査が実施されたが，約6割の若者が不適格となったのである。大英帝国の未来を危惧する中産階級の人々にとって，若者を取り巻く根本的な問題に気づく余裕はなく，中産階級の倫理規範に照らし合わせて「退化」として認識され，彼らの生活様式の向上が最大の課題とされたのである。同時期に広まった「フーリガン」という用語は，「退化」した若者を「悪」として排除の対象とするだけでなく，若者にひとつの強迫観念を植えつけ，帝国が掲げる理想のもとに若者を包摂する役割を果たすこととなった。帝国をめぐる危機意識のなかで，中産階級の倫理規範に若者を同化させようとする「暴力」性が潜んでいたのである。

3　「フーリガン」発生の根本的要因

中産階級の人々によって認知されなかった，「フーリガン」発生の根本的要因とは何か。この問題に関しては，諸要素が複雑に入り組んでいるため，ひとつひとつ掘り下げて考える必要があるだろう。

最も重要な点として，中産階級によって不安定要素としてみなされた，19世紀末における労働者階級の生活様式が，どのようにして生み出されたのかという点がある。すなわち，「暴力」を引き起こす要因となった，隠された「暴力」の内実を問わねばならない。隠された「暴力」として，19世紀中葉における都市化の進展が挙げられる[13)]。新たに都市部に移住した人々にとって，生活環境と労働条件が著しく変化したことにより，農村社会の伝統的な生活様式に慣れ親しんだ若者が，都市部において求められる生活様式に適応できなかったのである。当時，18世紀に発生した農業革命の影響によって，農村の衰退と大規模な都市拡大が見られた時代であった。特に，1830年代においては，多くの若者が都市における賃金労働を目当てに，農村都市を離れてロンドンなどの各都市に移住し人口が増大した。移住した労働者によって形成された都市部では，労働形態の著しい変化に伴う家庭環境の崩壊により，農村社会において若者を保護してきた伝統が機能不全に陥り，若者に大きな精神的ストレスを生じさせることとなった。たとえば，中産階級の生活空間を脅かすものとして危惧された，街角における若者の集団行動は，農村社会において伝統的な「なわばり意識」に基づく行動として解釈できるという。彼らは，早い段階から地域的共同体における生産活動に参加することで，地域共同体が若者を保護する役目を果たしており，中産階級特有の「学校教育」という概念とは無縁のところで，若者は社会的規律を学ぶ機会を与えられていたのである[14)]。ところが，伝統的な社会統制システムの崩壊と，支配階級としての中産階級からの強制のはざまで，都市部における若者の生活様式に不安定要素が生じることとなる。その不安定要素は，中産階級の人々による非難の対象とされ，道徳的害悪や犯罪の温床，すなわち社会における「暴力」として認知される。それら不安定要素は，不熟練労働者の増加に伴う貧困問題や，劣悪な生活様式における「不衛生の問題」として認識されることとなったのである。

次に考慮すべき問題は，労働者階級の若者を取り巻く諸問題に関して，支配階級としての地位を確立しつつあった中産階級はどのように対応したのか，という点である。まず，労働者階級の若者に関して言えば，義務教育制度の普及が挙げられる。すでに1870年に初等教育義務法が成立しており，10代半ばで賃金労働に就く若者を，国家的管理体制に組み込もうという運動が加速することとなった。暴力行為や犯罪の温床となる生活改善のために，衛生的な観念に基づく身体教育の必要性がマシアス・ロースによって強く主張され，後に体育が必修化されたことが明らかにされている[15)]。つまり，若者が抱える諸問題を解決する方法は，義務教育の普及による道徳的な人格形成と壮健な心身の発達の促進により，中産階級の規範に特徴的な勤勉と規律の精神を育むことだ，と信じられていたのである。大英帝国の興隆と衰退という危機意識のなかで，あくまでも国力増強に固執していた中産階級は，諸問題の根本的要因を見極めずに，新たな「暴力」を発動させたのである。

若者によるやり場のない抵抗は，ついに集団による過激な暴力行為として噴出することとなる[16]。自らの教化政策が正しいと信じて疑わない中産階級の人々は，若者による過激な抵抗手段を「悪」に満ちた「暴力」として厳しく非難し，自らの倫理規範のさらなる強制に拍車をかけた。結果として，若者による抵抗は絶えることなく続いたのである。果てしなく続く「暴力」の応酬に関して，若者による「暴力」だけが厳しく糾弾されたのである。同じ時期に，「フーリガン」という言葉が広まることで，人々の危機感が大きく煽り立てられるとともに，中産階級による「暴力」が「正しい暴力」として正当化されたのは言うまでもない。

結論として，19世紀末における「フーリガン」問題の根本的要因は，都市化が引き起こした生活環境の変化と不適応が，まず挙げられねばならない。しかしながら，帝国をめぐる危機意識に苛まれた中産階級の人々は，自らが「正しい」と信じて疑わない倫理規範によって，問題の根本的要因を認識することができなかったのである。その結果，若者の生活様式のあいだで見受けられた様々な不安定要素は，「暴力」の根源として認識されることとなり，人々のあいだに共通認識を形成していく。その不安定要素に対する処方箋として，教育改革をはじめとする新たな「暴力」が発動される。それに対する抵抗として若者に残された手段は，実力を行使するほかなかった。それが，「フーリガン」としての反抗として扱われ，「フーリガン」を構造的に生み出した根本的な「暴力」は，巧妙に隠蔽されることとなったのである。その構図には，国力増強という観念に基づいた，大英帝国の未来を担うべき壮健な若者を育成する目的が見え隠れしていたのである。

4　「フーリガン」問題の行方

19世紀末イギリスにおける「フーリガン」問題の構図は，帝国に関する危機意識を背景に発動された「暴力」に対して，正当な異議申し立ての手段も与えられず，逸脱や逃避さえも許されない過酷的状況のなかで，ささやかな抵抗が頻発するようになり，次第に蓄積されたやり場のない怒りが噴出したという点にある。すなわち，中産階級の掲げる倫理規範に偏重した視点によって，労働者階級の若者を取り巻く根本的な諸問題が見逃されたことに，問題がある。「フーリガン」と呼ばれた若者による抵抗は，都市化という「暴力」が引き起こした劣悪な生活環境に対する絶望感と，問題の根本的要素を見抜くことができずに，国力増強という「暴力」を発動する「無神経さ」に対する，やり場のない鬱積した怒りが暴発した事態として理解するべきである。多用される「フーリガン」という用語は，相対的な「暴力」が衝突する構図と，「法的暴力」のあり方を曖昧にする機能をもっている。その結果として，「フーリガン」として表出する「暴力」は，あらかじめ排除すべき「悪」として規定されたうえで，その概念規定を前提に問題の是非が論じられる。よって，議論の要点は，どのように「フーリガン」を排除するのか，という点に集約されてしまう。

『暴力批判論』の著者であるW．ベンヤミンが，その論文の冒頭部分において，「ほとんど不断に作用しているひとつの動因が，暴力としての含みをもつにいたるのは，それが倫理的な諸関係に介入するとき」[17)]と述べているように，何らかの社会的作用が「暴力」と規定されるとき，それを「暴力」として規定する「倫理的諸関係」が根源にある。19世紀末における労働者階級の行動様式が「道徳的退廃」として扱われ，それに対する異議申し立てとしての抵抗が「フーリガン」として扱われるとき，19世紀末大英帝国の興隆と衰退という危機意識を背景にした，権力としての中産階級による「倫理的な諸関係」が介在していることとなる。「道徳的退廃」として規定されたものは，中産階級にとって共通の了解事項から導き出された概念であり，彼らだけに通用する概念規定でしかない。それが，万人に共通するかどうかは，慎重に見極められる必要があるということである。

混迷する問題の構図が明らかになったところで，どのようにわれわれは問題の対処法を見出すべきなのだろうか。「フーリガン」を抑制する法秩序や社会政策に潜む「暴力」性を明らかにしたからといって，「フーリガン」的行為を称揚したり，「フーリガン」の発生を野放しにするという意味ではない。重要なことは，現代サッカーにおいて発生するサポーターによる暴力に関して，新たな視点を確保することで，問題の対処にあたることである。ベンヤミンは，従来的な「暴力批判」から抜け出るための方策として，「実定法哲学のそと」[18]へと出て行く必要性を説いていた。「暴力」の問題に関する判断は「理性」によるものではないという思考が，ベンヤミンの展開する「暴力批判」の根底にあったのだろうが，かなたに広がる「神的暴力」と呼ばれる領域を見据えていたのである。ベンヤミンの言う「神的暴力」というものが，どのような形態なのかはわからない。しかしながら，既成の「暴力」に対して，新たな「暴力」を対置させることは，結果的に「暴力」の循環作用のなかに身をおくことにほかならない。

われわれが取り組むべき課題とは，ベンヤミンが言うところの，「不断に作用するひとつの動因」に関する認識のあり方を問い直すことである。そして，われわれの認識を規定している拘束から自由になり，「不断に作用するひとつの動因」に対する，新たな概念規定のあり方を模索することであろう。

（月嶋紘之）

註および引用参考文献

1）Eric Dunning, *Fighting fans : football hooliganism as a world phenomenon*, University College Dublin Press, 2002.

2）Wiiliams, John, Dunning, Eric and Murphy, Patric. *Hooliganism after Heysel : crowd behavior in England and Europe, 1985-1988*, Sir Norman Chester Centre for Football Research, 1988.

3）「フットボール観客法1989」（Football Spectators Act 1989）は，「メンバーシップ制度」（National football membership scheme）の導入と「出頭命令」（Restriction Orders）に関する法令である。1989年11月16日に「出頭命令」に関する法令が施行とされ，イングランドとウェールズにおけるＦＡ公認試合を対象とする。国外での国際試合において，「フーリガン」犯罪に関する逮捕歴がある人物を，未然に警察署に出頭させ身柄を拘束するという画期的な法令であった。（Crawley DJ. *Football Spectators Act 1989*, Great Britain, Scottish Home and Health Department, 1990.）

4）Great Britain, *Committee of Inquiry into Crowd Safety and Control at Sports Grounds :*

Final Report/ Chairman : Mr. Justice Popplewell, London : HMSO, 1986.

5）1989年法を補完するための法令として，「フットボール法2000」（Football Act 2000）が成立した。「フーリガン」問題の拡散により，同法は「フーリガン」犯罪に関連する逮捕歴がある人物の身柄拘束期間を試合5日前まで認めた。さらに，フットボール関連犯罪としての時間的範囲を24時間に拡大した。同法の詳細に関しては，下記のホームページを参照のこと。

http : //www.bailii.org/uk/legis/num_act/2000/ukpga_20000025_en_1.html

6）月嶋紘之「イングランドにおける「フットボール観客法1989」の成立に関する一考察：「フーリガン」を巡る「法的暴力」の実態」スポーツ史学会『スポーツ史研究』第21号，2008年

7）E. ダニング，大平章訳『問題としてのスポーツ—サッカー・暴力・文明化』法政大学出版局，2004年。イギリスにおける「フーリガン」問題の歴史的変遷に関する代表的な先行研究としては，以下の文献を参照のこと。Dunning.Eric. *The Roots of Football Hooliganism : an historical and sociological study*, London : Routledge and Kegan Paul, 1988.

8）*Oxford Dictionary of English, second edition*, Oxford University press, 2003.

9）井野瀬久美恵『フーリガンと呼ばれた少年たち—子どもたちの大英帝国』中公文庫，1999年，pp.21－25

10）S. ハンフリーズ，山田潤監訳『大英帝国の子どもたち—聞き取りによる非行と抵抗の社会史』拓殖書房，1990年，pp.251－298

11）前掲書10），pp.253－260

12）井野瀬久美恵，前掲書9），pp.70－75

13）村岡健次・川北稔『イギリス近代史—宗教改革から現代まで』ミネルヴァ書房，2003年，pp.127－194

14）S. ハンフリーズ，前掲書10），pp.97－176

15）榊原浩晃「身体教育の歴史に学ぶ—イギリス初等教育草創期におけるマシアス・ロースの身体教育論と体育必修化の主張」『多様な身体への目覚め—身体訓練の歴史に学ぶ』アイオーエム，2006年

16）J. R. ギリス，北本正章訳『〈若者〉の社会史—ヨーロッパにおける家族と年齢集団の変貌』新曜社，1990年，pp.209－283

17）W. ベンヤミン，野村修訳『暴力批判論—他十篇』岩波書店，1994年，p.29

18）W. ベンヤミン，前掲書17），pp.63－65

3 スポーツ・頽廃・美意識

—世紀末文化の深層意識—

1　ビアズリーの世紀末

身仕舞がすっかり出来上がると，鳩たちが一せいに彼女の足のまわりに群がり寄ってきて，女主人の踝に羽毛をこすりつけては楽しむのだった。侏儒たちは一せいに手をたたき，唇のあいだに指を差し挟んで，鋭い口笛を吹き鳴らした。いまだかつてウェヌスがこれほど輝かしく，これほど気高く見えたことはなかったのである。部屋の隅で積木をして遊んでいたスピリディオンは，目を上げて，ぶるっと身慄いした。クロオドとクレエルは，悦びのあまり蒼くなって，その華奢な手で女主人を愛撫したり，女主人の肌に触れたり，ふるえる唇で女主人の靴下に皺を寄せては，細い指でふたたび皺を撫でつけたりしていた……

（ビアズリー『丘の麓で』1896年）

とりたてて性的な場面ではないのに倒錯した官能表現で埋められているこの小説はついに未完に終わったが，肉体に対する一つの感受性を鮮烈に示している。肉体とは何か。それは快楽であり，恍惚であり，無意味であり，愉悦であり，堕落であり，グロテスクであり，崇高であり，その全てでもあり，またそれだけでは十分でもない何ものかである。幼少の頃から致命的な結核を患い，たった25歳の若さで夭逝したオーブリ・ビアズリー（1872～1898年）にとって，おそらく肉体とは，自分のみならず母の自由をも束縛する頚木（くびき）であり，また早熟な知性に反していつも欠落感や飢餓感に身もだえている何か得体の知れない代物であったにちがいない。もちろん本当のところは誰にもわからないが，命の在り処でありながらも命を蝕んでいく自身の肉体に，絶望的な矛盾を感じなかったはずはあるまい。

ビアズリーとはいうまでもなくイギリスの19世紀末に颯爽と登場した挿絵

図１　『サロメ』サロメと洗礼者聖ヨハネの首

画家のことである。彼を一躍有名にしたのは，オスカー・ワイルドの戯曲『サロメ』に挿入された数枚の絵画であった。切断された生首に接吻する有名な場面は（図１），そういってよければ「死」と「愛」が激しく絡み合う瞬間である。２人の人物はけっして美形とはいえないが，背景をグラフィックに装飾することによって醜悪になることを避け，独特の緊張感のある蠱惑的な世界観を鮮やかに描きあげた。

死へと追いやりながら，あたかも冷静に，無残な，でもそれ以上に優しく囁きかけるサロメ。首から滴る血を見つめながらたじろぎもせず，血を恋の苦さと受け止めて，ただ恍惚と酔いしれるような妖しい感性を，著者ワイルドとともに，ビアズリーもまた絵画として表現したのである。

2　スポーツと頽廃

いささか長くなったけれど，もちろん芸術論を展開することがこの小論の目的ではない。こうした頽廃的な感性が，スポーツを支える精神から遠く掛け離れていることを印象づけるために，多少立ち入ってみたのである。

近代のスポーツは，19世紀末の芸術や文学を特徴づける「頽廃」や「耽美」といった感性と，明らかに無縁のところで発達した。スポーツは学校や社交界の中で発達し，もしくは興行化されて大衆的な娯楽として発達したが，そこには繊細な神経をもつ懐疑的な者が活躍する余地はほとんどなかった。スポーツ教育の誕生地，名門ラグビー・スクールに1846年に入学したルイス・キャロル，本名チャールズ・ラトウィッジ・ドジスンは，同校で過ごした３年間について全く懐しむ気持ちにはなれないと書いている。キャロルとは『不思議の国のアリス』（1865年）の作者で，オックスフォード大学の数学教師である。彼の入学した1846年は，ちょうどフットボールのルールが成文化された翌年で，著名な小説『トム・ブラウンの学校生活』（1857年）の舞台に設定された時期でもある。いましも「ゲーム崇拝」が高揚しようという時期に多感な少年期を過ごした学校生活は，彼にとっては不快なことばかりだったようである。

あらためて考えてみよう。スポーツとは何か。その構成要素を抽出して特徴づけることもできるが，違う方法もある。スポーツはいったい何を遠ざけることによって成立したのか。スポーツの特徴を「何でないか」によって確認することも，興味深い方法の一つであるだろう。ジェンダーの視点から近代スポーツは「女性」を排除して成立したことが多くの専門家によって認められているが，もちろんここで着目したいのは文学的・芸術的な感性である。

英文学者の高山宏は「世紀末，スポーツはたくらむ」（1991年）という小論において，デカダンス，耽美，倒錯といった言葉で固定化された19世紀末像に対して，「スポーツの世紀末」という新たな世紀末像を提示した。強者が弱者を駆逐するというダーウィンの『種の起源』（1859年）に由来する強迫観念が社会に広まり，植民地支配の国家政策が強まる中で，何よりもスポーツは青少年の肉体を鍛えるために政治的に役立てられた。一方で大衆消費社会を背景に，スポーツは商品化され，ファッション化され，商業的にも利用されていく。ちょうど全人類の祭典オリンピックも再興され，世紀末はさながらスポーツ一色に染められた。

こうした所論を補強するために高山は１枚の戯画を引用する。「エステティックス対アスレティックス」と題されたその戯画には，ボートレースを応援する若者たちに翻弄される，オスカー・ワイルドらしい人物が中央に立ちすくんでいる。力強く走り抜けるユニフォーム姿の若者たちとは対照的に，中央の人物は頭ばかりが大きくて，腕や脚がやけに細くて貧弱に描かれている。高山はこの場面を解説して，「耽美派」にはどうも分の悪い世紀末であったとし，「精神的」な文学者に対する「肉体的」なスポーツマンの優勢を印象づけようとした。

要するに世紀末のスポーツは，従来の固定的な世紀末像を特徴づける頽廃や耽美や倒錯といった妖しい感性と，全く相容れないまま構築されたということだ。前節で言及したビアズリーやワイルドの背徳的な感性からも，もちろん遠く掛け離れていたに違いない。頽廃，悪徳，官能，堕落，偽善，絶望，倒錯，恍惚，倦怠，瀟洒といったものには断じて影響されないもの，それが近代のスポーツのもう一つの特徴なのである。もちろん文学や絵画は「精神」の営みで，スポーツは「身体」の営みであるという，根本的な対立から紐解かないと，両者の間に広がる深い溝について理解することはできないであろう。

しかしながら，この小論で試みたいのは，そうしたスポーツと芸術の対立の構図ではなく，もう一つの視点を提示することである。すなわち芸術を支える感性とスポーツを支える精神との間にはじつは一つの共通点があるのではないか，という視点である。だからといって，フィギュアスケートやシンクロナイズドスイミングなどに見られる，取ってつけたような両者の接点について追求したいのでもない。ここではもう少し背後に隠れた，いわば深層の意識ともいうべきレベルから見て，両者の根底に渺茫（びょうぼう）と横たわっている感受性について探り出したいのである。

3 「形態」の諸相

世紀末文化の広がりや展開はもとより複雑で多様をきわめる。その影響は複数の国々に及び，また複数の分野にまで及んだ。アール・ヌーヴォーと呼ばれる造形もまた，その一つである。アール・ヌーヴォーはふつう，平面的な装飾性とうねるような曲線に特徴があるといわれるが（図２），ここではとくに「うねるような曲線」に着目したい。思うに，世紀末文化における大きな変化の一つは，「形態」に対する人々の見方や評価が大きく転換したことであろう。

例えば，建築。「装飾とは建築の原理である」（J. ラスキン『建築と絵画』1853年）と高らかに評価された装飾が，世紀が変わると打って変わって憎悪の対象になる。手の込んだ装飾を敵視する一文『装飾と罪悪』（1908年）がオーストリアの建築家アドルフ・ロースによって公刊されたとき，近代建築が始まったといわれる。ゴシック様式にせよ，ロマネスク様式にせよ，それまでの建築には必ずどこかに装飾が施されていた。ところが，建築本来の機能である実用性や合理性に至上の価値を見いだし，それをはっきりと強調したときに近代建築が生み出されたといえる。もはやそこに装飾はなく，幾何学的な抽象性のみが大きく前面に現れた。そう，「実際的でないものは美しくなりえない」のだから（O. ヴァーグナー『近代建築』1904年）。

図２　ブラドリー画「パウサイスとグリセラ」

ではスポーツはどうであろう。かつてスポーツの目的の一つは，紳士や淑女として求められる振る舞いや嗜み（たしな）を身につけることであった。例えば乗馬では，つねに「上品」な姿勢で乗れるよう細心の注意を傾けなければならなかったし，ダンスでは，あらゆる動作に「自由」と「落ち着き」を与えるよう神経を使わなければならなかった（J. ロック『教育に関する考察』1693年）。紳士らしく，淑女らしく，さっそうと，華麗に…というわけである。

そんな彼らが動作や仕草に求めたものは，要するに運動の「表象」であった。つまり彼らは上品に「見える」ように仕草し，あるいは紳士らしく「見える」ように振る舞ったのである。だからダンスを踊るにしても，そのつど「どこへ足を置くのか，よく考えなければならなかった」（B. パスカル『パンセ』1670年）。このような身体の表象への傾注は，しばしば運動本来の目的や喜びを忘れさせたに違いない。しかし，それでも彼らは「それらしく」振る舞って見せては満悦していたかのようである。

4　もう一つの形態：「機能」

かつて人間は「文化の装飾」を身に纏っていた。身体運動も例外ではない。紳士らしさや上品さ，男らしさや女らしさなどを表現する仕草や動作を自然に身につけていた。いったん身につけた文化の装飾は，身につけていることに気づきにくいし，たとえ脱ぎ去ろうとしても容易にできるものではない。スポーツの世界で，文化の装飾を身体から振り払って，かわりに速度や強度などの「機能」を血眼になって追い求めるのは，ほかでもない，世紀末であった。

例えば短距離走。ランニング・フォームには18世紀以来変わらない一つの理想的な走法があった。すなわち「指は固く握り，両腕は身体にぴったりつけ，上体を前方に屈める」という走法である。その由来は軍隊の規律に遡るが，速さを求めながらも「軍人らしさ」や「男らしさ」といった表象を大切にする。それが本来の正統的な走法だったのである（図３）。

図３　1874年にダブリン大学で行われた陸上競技会
出典：*Illustrated London News,* 1874.

社会人類学者のマルセル・モースを教えた担任の体育教師もまた，こぶしを身体につけて走るよう生徒に指示していたが，1890年代の「くろうと」の走者たちがみな腕を振って走っているのをモースは目撃した（モース『社会学と人類学Ⅱ』）。19世紀末になって，ようやく専門の短距離ランナーたちが重たい文化の装飾から自由になり始めたのである。事実，スポーツの「技術」，つまり経済的で効率のよい運動の方法が「発見」されたのは19世紀末であった。クラウチング・スタートの考案によって，初めて「技術」を探求することがスポーツ界共通の重要課題になったのである（中房敏朗「スポーツ運動に関する歴史的一考察」）。

あるいはボクシング。どっしりと構えて力まかせに打ち合う戦法から，軽やかなフットワークを多用する技巧的な戦法に変わり始めたのが，やはり世紀末であった（1892年，J.コルベット対L.サリヴァン戦）。ファイティングポーズにしても，19世紀末までは身体をできるだけ大きく見せるかのように背筋を伸ばし，顔をあげて相手を威嚇するような構え方であった（図4）。ところが20世紀に入ると，今度は反対に小さく背中をまるめ，あごを引いて前屈みに構える「クラウチング・スタイル」が主流となる。1734年にルールの成文化，1814年に最初の協会設立など，競技の組織化という点では他の種目よりも逸早く進行したのに，ボクサーの戦法には大きな進歩がなかった。致命的な怪我や死と隣り合わせの危険な競技だから，負けないこと，勝利することが至上命題であったはずである。にもかかわらず彼らは力を誇示する因習的な構えや戦法を堅持した。

図4　19世紀初頭のボクサーの一般的なファイティング・ポーズ
出典：Pierce Egan, *Boxiana,* 1812.

なぜ彼らはスタイルを変えなかったのか。それはきっと従来のままでも強いボクサーがいたからであろう。あるいは見る者にとってもそれが「男らしく」て感情移入しやすい戦い方のスタイルであったのかもしれない。考えられる理由はそれだけだろうか。私なら別の理由を強調したい。いったい何を選択し，何を選択しないかの判断は，煎じ詰めると当人の美学に由来する。全ての格闘技において「どのように勝ちたいのか」という課題は，じつは「何を美しいと思うか」という美意識と無関係ではないのである。彼らにとってスタイルとは，恐らく「強さ」や「男らしさ」の表現でもあり，勝負師としての「美学」の表れでもあったのではないだろうか。

試合数や競技人口が増えるのに伴って運動技術も順調に進化するのではないかと想像される。ところがスポーツ界で運動技術が飛躍的に発展したのは，なぜか「19世紀末」であった。ここが問題である。競技者がこの時期になって「勝利」を強く渇望するようになり，その結果，伝統的な「スタイル」や「美学」にしがみつくことを放棄し始めたのであろうか。それとも，スポーツを見る一般大衆が，より強い者や新記録を貪欲に求め始めたために，こうした突然の変化が生じたのであろうか。

なるほど，世紀末にまでもなれば，近代科学や合理主義の精神が人々の間に深く浸透し，そのため「男らしさ」や「上品さ」といった虚飾よりも，「勝利」や「結果」といった実利が追求されるようになったと考えることもできる。しかし，そこには身体運動に対する人々の価値観の変化も加わっていたのではないか。というのも，「速さ」や「強さ」を競うスポーツばかりではなく，体操のような運動の「出来栄え」を競う競技までも世紀転換期に，ダイナミックなさばきや運動の経済性が要求されるからである。つまり，世紀末における運動技術の飛躍的な発展は，たんにスピードの変化ではなく（量的変化)，運動技術の発展の方向が大きく転換したことによって生じたものである（質的変化）と考えたほうが適切ではないだろうか。

5 「機能」を支える美意識

かつて人々は人間の身体運動に何を見ていたのか。それはおそらく，運動によって表される「形態」や「表象」であったに違いない。18世紀までの乗馬やスケートなどにおいて数学的な幾何学模様の運動が綿々と考え出されたのも，おそらく「形」ばかりに目が奪われていたからであろう（図５)。それでは19世紀末になって，目に直接見えるものではなく，「機能性」という

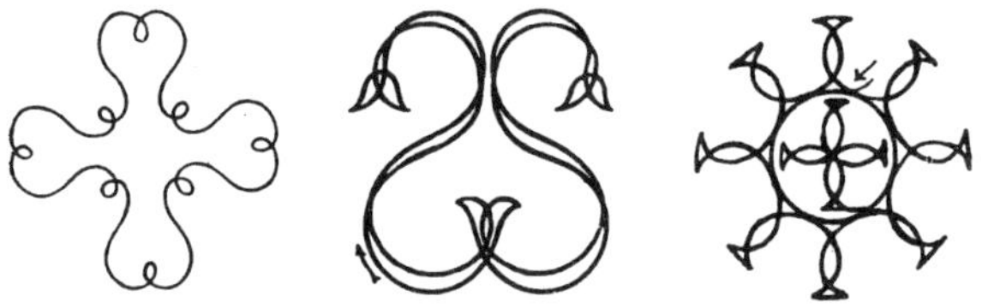

図５　フィギュアスケートの規定演技の例

実体のないものに価値が見出されるようになると，人々はいったいどこに視線を見定めるようになるのであろうか。

そこで想起されるのが，あのアール・ヌーヴォーの「うねるような曲線」である。こうした曲線に思想的なインスピレーションを与えたのは，植物の形態や東洋の絵画などであったが，無駄のない洗練されたスポーツ運動に着目する芸術家もいた。デザイナーであり，挿絵画家でもあったウォルター・クレインもその一人である（図６）。彼はいう。「より形式化された抽象的な

図６　Walter Crane, *Line and form*, London, 1900.

装飾デザインの中には，それが実際に表している形態とは別に，リズミカルな無言の音楽が含まれている……」

彼の見るところ，抽象度の高いデザインには，「形態」以外に感動を呼び覚ます別の力が秘められているという。彼はこれを「リズミカルな無言の音楽」と呼んだが，これを「形態の美しさ」に対する「機能の美しさ」と呼んだとしても差し支えあるまい。あるいは生命の「躍動感」とでも呼ぼうか。いずれにしても彼の視線はもはや表面上の「形態」ではなく，寸分の無駄もない流れるようなスポーツ運動の内部に一つの「リズミカルな無言の音楽」を見つけ出すことに成功していたに違いない。

もちろん，世紀末を風靡した「うねるような曲線」のイメージが，そのままスポーツ技術に広範な影響を与えたと考えたいわけではない。私が主張したいのは，アール・ヌーヴォーのような「うねるような曲線」に美しさを見出す感性と，すべてのエネルギーを速度や強度に変えることのできる効率の

よい身体運動に心を動かされる感性との間には，一つの共通する「美意識」が存在したのではないかということだ。人々がスポーツに感動するのは，何も勝利の栄光や高度な職人技に接するからだけではない。高度に熟練したランニングやジャンプ，あるいはシュートやピッチングなどに共通する，完璧に無駄のない流れるような肉体の運動にも，必ず人を感動させる何かがあるが，それに感動する感受性や美意識はじつは歴史的産物ではないかということだ。しかもそれは19世紀末になって装飾を憎悪し始めた芸術界や建築界の新しい感受性と明らかに通底していたのではないかということである。

近代のスポーツは，19世紀末の芸術や文学を特徴づける「頽廃」や「耽美」や「倒錯」といった背徳的な感性からは，確かに遠いところにあった。しかし一方で，「装飾」よりも「機能」に美しさを見出す新しい感受性という点から見ると，スポーツと芸術は共通の土台の上に立脚していたといえる。しかもこの構図は今も変わらず存在しており，私たちはその限られた射程範囲の中でスポーツとは何かを無自覚に了解し，そのままスポーツに対峙しつづけようとしているのである。

（中房敏朗）

主要参考文献

・A. ビアズリー，澁澤龍彦訳『美神の館』光風社出版，1984年
・H. ジャクソン，澤井勇訳『世紀末イギリスの芸術と思想』松柏社，1990年
・S. T. マドセン，高橋秀爾・千足伸行訳『アール・ヌーヴォー』美術公論社，1983年
・M. モース，有地亨・山口俊夫訳『社会学と人類学Ⅱ』弘文堂，1976年
・中房敏朗「スポーツ運動に関する歴史的一考察―「技術」という観念に注目して」『スポーツ史研究』第9号，1996年
・S. ワイントラウブ，高儀進訳『ビアズリー伝』中央公論社，1989年
・S. R. ストッフル，笠井勝子監修『不思議の国のアリスの誕生―ルイス・キャロルとその生涯』創元社，1998年
・高山宏「世紀末，スポーツはたくらむ―自転車，オリンピック，闘牛」『週刊朝日百科―世界の歴史』117，1991年
・O. ヴァーグナー，樋口清・佐久間博訳『近代建築』中央公論美術出版，1985年

4　古代オリンピックの幅跳びの記録は16メートルを超えた
―その「不思議」にせまる―

1　走り幅跳びの世界記録

ある中学校のある日の授業，２年生の保健体育（体育編）。

教員のわたしは，トレーからマグネット（磁石）とメジャー（巻尺）を取り出す。黒板にマグネットでメジャーの先端を固定して，引きのばすように後退りする。座っている生徒たちにメジャーが当たらないように注意しながら，途中でいったん立ち止まる。

「みなさん，ここまでの距離に注目です。７m52です。といっても，メジャーが垂れ下がっていますね。まっすぐにしましょう。みなさんのなかでメジャーに手が届く人は，腰掛けたままでいいですから，手をのばして，軽く支えて下さい。そうです。だいたいまっすぐになりました。どうもありがとう。これを，お手伝い，といいます」

「先生！　お手伝いというより，これは，お手当とちがいますか。メジャーを持っているぼくらにお手当は？」

「出ない！　さて，７m52は何の世界記録でしょうか？」

「走り幅跳び？　いや，ちがうな。世界記録は，８mを超えてるんちゃう」

「正解ですよ。女子選手です。URS・ソ連のチスチャコーワの記録です。さて，男子は……。教室の後ろの壁までが８m60ですね。男子は，この壁を超えます。窓ぎわに移動して，メジャーを斜めに張りましょう。みなさん，またお手伝いを！　ありがとう。はい，ここが男子の世界記録で８m95。アメリカのパウエルが出しました」

「ええーっ」「すごい距離やな」「信じられへん」と教室じゅうに喚声があがる。

「信じられませんよね。でも，人間業（わざ）です。これは，筋肉のはたらきでいえば，瞬発力ですね……」

2　16メートルを超える幅跳びの記録

何日かして，古書店で『古代オリンピックの歴史』（フェレンス・メゾー著，大島鎌吉訳）を見つけた。先日の授業の話が頭の隅にあったので，古代オリンピックの五種競技，幅跳びのページに目がいく。

> スパルタのキオニス（Chionis）は，紀元前664年に幅跳びで52フィート（16.66m）を跳んで優勝した。

今度はわたしが喚声をあげる。

「ええーっ，16m66？　信じられへん」

たまたまそばにいた知人が応える。

「信じられへん？　だれのことや？」

「本のなかみや。古代オリンピックの走り幅跳びの優勝が，スパルタのキオニスっていう人で，16mを超えてるねん」

「なんや，そんなことか。よくある英雄譚（えいゆうたん）やろ」

「古代オリンピックの正式記録やで。幅跳びで16mのジャンプ！」

「三段跳びのまちがいやろ」

「いやいや。走り幅跳びになっている」

「ひと蹴りで16m66か。Jump（跳ぶ）というよりFly（飛ぶ）のイメージやなあ。跳んだというのに，とんでもない」と知人がからかう。

キオニスに続いて，クロトンのファイロス（Phayllos）の記録が目に入る。

> クロトンのファイロスがデルフィのピュティア競技で２回五種競技に優勝し，２回目の優勝（紀元前498年頃）で，はなばなしい成果を挙げ，幅跳びで55フィート（16.31m）を跳んだ。

「これ見てみ。ファイロスという人も16mを超えている」

「ほんまや。幅跳びで，となっているなあ」

「大学にな，小山先生がいはるやろ。ご専門はスポーツ史や。いつか，訊いてみよか」

3　小山先生，幅跳びを語る

ここからは小山先生のお話である。

もう十数年前になりますが，初めてその記録を聞いたときは，わたしも驚きました。ふつうの感覚では「三段跳び」ですものね。「これは走り幅跳びの記録ではない」と思いましたが，「でも，なぜ？」「どういうこと？」と気になりまして，調べたことがあります。ところで，『イソップ物語（イソップ寓話集）』に幅跳びの話があるのをご存じですか。「ここがロドスだ，ここで跳べ！」という言葉を耳にされたことはありませんか。このお話には「駄法螺（だほら）吹き」というタイトルがついています。

駄法螺（だほら）吹き［第51話］

男らしくないと言っていつも都市（まち）の人たちに非難された五種競技者（古代オリンピアで五種競技は，競走，幅跳び，円盤投げ，やり投げ，レスリングの５つをさす……筆者註）が，あるとき他の都市へ旅に出ました。しばらくして再び帰ってくると，法螺を吹いて，他の都市都市（まちまち）でもしばしば堂々と競技をやって，ロドスではオリンピック選手たちの誰一人及び得ない程の跳躍をやったと言いました。そしてもしいつか諸君があちらへ行くことでもあったら，その場に居あわせた人々がその証人になってくれるだろうと付け加えました。しかしそこに居た人々のうちの一人が口を切って，彼に言いました。「だが，君，もしそれがほんとうなら，何も君は証人を必要とすまい，ここにロドスがある。さあ，跳んで見給え」

この話は，事実によって証明することの手っとり早いものについては，言葉は凡て余計なものである，ということを明らかにしています。

作者のイソップは，紀元前620年ごろ～紀元前564年？の人です。キオニスが幅跳びで優勝したのは，史料によると，紀元前664年で，ファイロスは紀元前498年です。いったいイソップは，この話のなかの若者の跳躍距離をどれくらいだと考えたのでしょう。この若者には「ロドスではオリンピック選手たちの誰一人及び得ない程の跳躍をやった」と語らせています。そこから推し量ると，イソップがイメージした若者の跳躍距離は，キオニスとファイロスに勝るとも劣らず，ということになるのですが，さあ，いかがなものでしょう。

こうした幅跳びの記録については，これまでに多くの方が意見を述べておられます。

①スカリゲル　J.J.Scaliger（歴史家／宗教指導者）
「この跳躍は不自然だ」
②ファベル　P.Faber（歴史家／イエズス会伝道士）
「この驚くべき跳躍は，作り話だ」
③19世紀の何人かの言語学者やスポーツ関係者たち
「古代ギリシアでは跳躍おもりを使ったからこの記録が出た」
④マイスル　W.Meisl（スポーツ・ジャーナリスト），ガシュ　R.Gasch（スポーツ関係者），ディーム　C.Diem（スポーツ研究家／哲学者）
「この記録は信用できない」
⑤ガーディナー　E.N.Gardiner（考古学者）
「これは全くの作り話だ」
⑥クラウゼ　J.Krause（スポーツ史家）
「これは崖を飛び降りたさいの記録だ」
⑦ヴァスマンスドルフ　K.Wassmansdorf（歴史家）
「キオニスとファイロスのすばらしい跳躍は三段跳びでうまれたものだ」
⑧リュール　H.Rühl（ドイツ体操団の事務局長）
「当時跳ばれた大きな距離は，五種競技の跳躍（＝幅跳び）が三段跳びであったことを信じさせる」

⑨ユトナー　J.Jüthner（スポーツ史家）

「跳躍者は単純な１回跳びに終わったのではなくて，中断して数回の跳躍を重ねたことを意味するものだ」

⑩フェッデ　F.Fedde（歴史家）

「オリンピアのパライストラのタイル施設は，三段跳びの跳躍場であると考えられる。だから三段跳びだろう」

⑪メゾー　F.Mezö（歴史家）

「（説―その１）：３回試技したものと思われる。だからキオニスの跳躍距離16.66m は，３つの跳躍距離を合計したものかもしれない。すると１回の跳躍の平均は5.55m である」

「（説―その２）：ギリシア人は２世紀以来，数詞としてアルファベット文字を使っていた。したがって彼らは22を Kβ’と書き，52を Vβ と書いた。思うに写本のさいに筆耕はＫの字をひょっとしてＶに書き誤ることがあったろう。原本にあるＫの字の右下の部分がくちていたか，あるいはあせてしまっていて，この２つの文字が識別できなかったと考えられるのである。キオニスの跳躍距離を22フィートと考える。すると彼は，オリンピックで7.05m 跳んだことになる」

⑫『最新スポーツ大事典』

「これ（＝おもり：ハルテーレス）を利用した場合には，立ち幅跳びにかなりの効果がある。伝えられている記録は，16.66m と16.28m で，五段跳びの可能性が考えられる」（高橋幸一執筆「古代社会のスポーツ」）

「この記録は今日では考えられないものであるため，①三段跳びまたは連続跳躍であった，②つくりごとの記録であった，③写本の筆耕時の誤記であった，④当時の長さを表す単位が今日の単位と違う，など諸説があるが，その真偽のほどは定かではない」（岡尾恵一執筆「走り幅跳びの発展史」）

4　小山先生の仮説

どれもが「もっともだ」と思われます。さて，そこでわたしの考えですが……。これから申し上げることは，わたしの仮説です。いや，そんなおおげさなものではなく，思いつきといった方が正しいでしょう。どうか，そのつもりでお聞き下さい。

今こうして向かい合って座っている，わたしたちの間には机があり，上に本が載っています。この本は，こちらから見ても，『古代オリンピックの歴史』ですし，そちらからご覧になっても『古代オリンピックの歴史』です。変なことを申し上げてしまいました。例をスポーツにかえましょう。野球にしましょう。野球ではこういうことがいえるとわたしは思うのです。攻撃側と守備側についてですが，わたしたちは，野球で攻撃側と聞くと「バットでボールを打つ側」で，守備側と聞くと「グローブでボールを受ける側」と考えます。この攻撃側と守備側という言葉（＝立場）ですが，わたしは，両者を入れ替えても「それは，いえる。まちがいではない」と考えています。バッター側をイメージしてください。ヒットで１塁に達したバッターは，そのあとランナーになって，進塁をこころがけます。次に，グローブを持っている側をイメージしてください。グローブを持っている側は，このランナーを殺す，と申し上げたら，物騒ですが，野球ではそういう表現を使うことがありますね。補殺とか併殺とか，です。ランナーの進塁を阻止しようとします。殺す（＝アウトにする）のは，グローブでボールを受ける側です。殺されるのはバッター側です。ベース（塁）は，唯一の安全地帯です。そこをとび出るランナーは，グローブでボールを受ける側の攻撃にさらされることになります。逃げるしかありません。以前，息子（中学生）の野球の応援にいったおりに，１塁ランナーが盗塁をしようとして２塁に向かって走った瞬間，ベンチから「(ランナーが）逃げた！」という言葉が出ました。この「逃げる」は，攻撃ではないですね。「あなたは野球を知らないね。あれは逃げるように見せかけて，その実，攻めているのだよ」と野球通からの反論が聞こえてきそうですが……。こう申し上げたからといって，わたしは，「今の野球は，攻撃と守備の言葉づかいが逆だ」といっているわけではありません。物ごとは，視点を変えると「それは，いえる」「まちがいではない」となることがある，と申し上げたいのです。視点をかえるということでいえば，野球がサービス・ポイント制のゲームであるというのをご存じでしょうか。「イニング制を採るゲームは，サービス・ポイント制のゲームになる」からなのですが。野球は，イニング制を採用しているゲームです。だから，野球は，サービス・ポイント制のゲームであるということになるのです。これは「サービス・ポイント制を採るゲームは，イニング制のゲームになる」ともいいかえられます。サービス・ポイント制を採るゲームとしては，今はちがいますが，バドミントンや６人制バレーボールがありました。バドミントンと６人制バレーボールが今のようにラリー・ポイント制ではなく，サービス・ポイント制だったころは，両者とも１アウト交代（チェンジ）でイニング制のゲームだったのです。野球の場合は，１アウト交代ではありません。３アウト交代（チェンジ）ですね。サービス・ポイント制のゲームでは，サービス権を持つ側に点数（ポイント）が入ります。ですから，野球の場合，サービス権を持つのは，バッター側ということになります。グローブを持っている側がアウトをとっても自軍に点が入ることはありません。サービス権を持たないからです。ええ，そうですね。おっしゃるようにソフトボールにも同じことがいえます。ソフトボールも野球同様にサービス・ポイント制のゲームです。こんなことを申し上げますと，多くの方は「野球とソフトボールにサービスがある？　それは変。サービスをするスポーツは，テニスとかバレーボールとかバドミントンとか，でしょう」とおっしゃるのですが……。話がややこしくなってしまいましたね。野球とソフトボールのサービスについては，また別の機会に詳しくお話しましょう。わたしが申し上げたかったのは，繰りかえしになりますが，物ごとは「それは，ちがう」と思われることでも，視点をずらすといいますか，立ち位置を少しかえると，「それは，いえる」「まちがいではない」となることがある，ということなのです。

問題は，キオニスとファイロスの16ｍを超えるジャンプでした。わたしはこう思うのです。古代ギリシアの幅跳びの会場，今でいうピット（砂場）には「踏み切り線」はもちろんですが，さて，どう申し上げれば的確な表現になるのかよくわかりませんが，かりに「ゴールライン」としておきましょう。幅跳びの会場には，この2つの線（＝ライン）が引いてあったと考えています。競技者が助走をして，踏み切り線から跳躍，そして着地。それから，記録の測定となるのですが，その際，こうは考えられないでしょうか。踏み切り線から着地点までの距離ではなく，ゴールラインから着地点までの距離を測定した，というようにです。ファイロスは，幅跳びだけではなく，円盤投げでも優勝しています。記録は28.17m（95フィート）です。わたしは，この円盤投げの記録も円盤を投げた地点からそれが落下した地点までの距離ではなくて，ゴールラインあるいはポイントのようなものが競技場にあったと考えて，反対方向から円盤の落下地点までの距離を測定したのではないかと思っています。古代ギリシアの会場にそれらしき証拠は，なにひとつ残ってはいません。しかし，ずっと前方になにがしかのねらいのポイント，あるいは目安となるゴールラインのようなものがあり，そこからの距離をチェックするという測定方法は，競技の世界では決しておかしくはないのです。例えば，氷上ゲームのカーリングがそうですね。カーリングではストーン（石）を滑らして，相手よりハウス（円）に中心に寄せたチームが勝ちます。距離の測定は，ハウスの中心からです。ハウスの中心からそれぞれのストーンまでの距離を測定して，比較し，勝ち負けを決めます。わたしたちに身近な例では，体育大会（運動会）での徒競走がそうですね。息子（中学生）の学校の徒競走では，6人一斉スタートです。ゴール付近に「ゴール係」という世話役さんが数人いて，ゴールに向かってつぎつぎに走りこんでくるランナーを，1位から6位まで手際よく見きわめて，着順位をしるした旗のもとへ誘導します。このゴール係さんたちは，なにを目安に順位をチェックしているのでしょう。かれらはストップウオッチを持っていませんから，いちいちタイムを測定・比較しているわけではありません。ゴールに向かって勢いよく駆けこんでくるランナーたちのゴールライン付近でのちょっとした距離の差ではないでしょうか。ゴールから見たそれぞれの距離の差で着順位を判断しているようにわたしには見えました。近代オリンピックでの100m走では，タイムが注目を集めます。ゴール付近は，10分の1，100分の1秒差の激戦です。万全を期すために写真判定が行われます。そのおりのチェックポイントは，ゴールから見たそれぞれのランナーの位置関係（=距離の比較）ではないでしょうか。別の例をあげましょう。テニス球戯です。今のソフトテニスやローンテニスの先行形態（先祖）です。歴史は古いです。ジュ・ド・ポームとかロイヤル・テニスとかリアル・テニスという言葉を耳にされたことがおありでしょうか。こうした昔のテニス球戯では，ゲームのさなかに，コートのなかで弾むボールを打たずに故意に見送ることがありました。相手が打って，ネット越しに飛んでくるボールをわざと打たないことがあったのです。といいましても，そのまま放りっぱなしではなく，ボールがツーバウンドをしたら，ただちにボールに飛びついて，動きを止めにかかったのです。サッカーのキーパーがよく横っとびになってシュートを防いでいますが，テニス球戯でも同じようなプレイが見られました。ボールを止めたところで「チェイス chase」のコールがなされ，その地点に「チェイス・マーク」がつきました。それから，ですが，コート後ろのベースラインからチェイス・マークまでの距離を測定しました。測定した距離は，ボールを止めた側にではなく，そうしたボールを打った側に所属するのです。ゲームの流れのなかで，両者がともにチェイスを獲得したところで，互いに持っているチェイスの距離を比較します。数値の小さい方が勝ちになり，1ポイント（15点）を獲得します。ですから，テニス球戯では，ネット際にぽとりと落とすドロップ・ショットというテクニックは，使えないということになります。もし，ドロップ・ショットをすると，相手はそのボールを見送って，チェイスにしてしまいます。チェイスは，ベースラインからの距離ですから，打った側にすると，これは最悪のチェイスの獲得になってしまいます。そういうことで，テニス球戯では両者は，互いにボールをコートの奥深く，ベースラインをめがけて打ち合いました。チェイスというルールがプレイヤーにしばりとしてはたらいたからです。

おわりに

ご質問の16mを超えるキオニスやファイロスの幅跳びが，考えようといいますか，測定の方法しだいでは十分可能だったということがおわかりいただけたでしょうか。えっ！　それでは，どうして今の走り幅跳びから，そうした測定方法が消えたのか，ですって？　きびしいご質問ですね。ご質問に対して，わたしは，正しい答えを持ち合わせていません。これまでの話じたいがわたしの思いつきですから……。「うそにうそを重ねて，ごめんなさい」でお許しいただけるのでしたら，答えとしまして，次のようなことがいえるのかも知れません。近代スポーツにおける「記録」という概念（＝考え方）の出現，そして定着です。自己新記録，国内新記録，それに世界新記録などなど。記録を重視する社会の出現です。これまでの話のなかでわたしが申し上げた距離の測定方法は，その場での勝ち負けを決める，比較のためのものです。古代オリンピックの幅跳びの記録（数値）は，その場で距離をくらべ，勝ち負けを決めるためのもので，いちいち記録を大会新記録や世界新記録として残すといった性格のものではありません。テニス球戯のチェイスの測定距離（数値）にも国内新記録とか世界新記録という概念はありません。カーリングもそうではないのでしょうか？

（奈良重幸）

参考文献

・フェレンス・メゾー著，大島鎌吉訳『古代オリンピックの歴史』ベースボール・マガジン社，1962年
・日本体育協会監修『最新スポーツ大事典』大修館書店，1987年
・山本光雄訳『イソップ寓話集』岩波文庫，1942年

5 スポーツの現代史とその叙述について
—旧東独のトップ・スポーツを例として—

はじめに

旧東独すなわちドイツ民主共和国（Deutsche Demokratische Republik）がスポーツ界，とりわけオリンピックで世界の耳目を集めるきっかけは，1968年に開催されたグルノーブル（冬季）とメキシコシティ（夏季）で見せたその競技力の躍進ぶりであった。これ以降，再統一によって国家が消滅する1990年までの間「スポーツ王国」の名をほしいままにしてきたといってよいであろう[1)]。

それでは再統一後ほぼ20年を経た現在，旧東独という国はいったいどのように人々の記憶に留められているのであろうか。かつてオリンピックや世界選手権など，競技スポーツの分野において卓越した成果を残した国として，あるいは先進的な運動理論やトレーニング法を開発したスポーツ科学の先進国としての記憶であろうか。そうではなく全く逆に，国家によるスポーツの政治道具化やスポーツに関わる人々の監視と管理が組織的に実行されていた，といったネガティブな評価が記憶に残されているのであろうか。

本稿では旧東独において特異な発展を遂げたスポーツに関する言説を素材として，スポーツの現代史を叙述することの意味を考えることにしたい。

1 「ドイツ」スポーツ史の書き換え

再統一後10年を契機として，ドイツのスポーツ史研究者の間で旧東独（ソビエトによる占領時代を含め）のスポーツ史の書き換えが議論された。1999年に『スポーツの社会・現代史』誌上に掲載された幾編かの論文からは，そうした議論の一端を垣間見ることができて興味深い。ゲッチンゲン大学のW. ブスらによるいわゆる『基本論文』[2)]と，これに対してポツダム大学のG. シュピッツァーが反論として書いた論文[3)]がそれなのだが，こうした東独スポーツ史をどのように書き換えるかの議論は，スポーツの現代史叙述をめぐる問題を考える場合の参照例のひとつとなるだろう。

それぞれの論文の概要についてはすでに別の機会に報告しているので[4]それを参照していただくとして，W. ブスらの主張を要約すると，「幅広いパースペクティブを持つことによって，スポーツ独自の社会的貢献を問い直す原理的可能性を示すことが必要で，そのためにはスポーツの文化現象の側面に優先的に研究関心を向けるべきだ」ということになる。つまり，ドイツにおけるスポーツの現代史研究は，これまであまりに政治的側面に偏向していた，というのである。そして，この「幅広いパースペクティブ」は「脱社会化 De–Soziologisierung・脱政治行動 De–Politisches Handeln・再文化化 Re-Kulturalisierung」によって得られるとした。

たしかに，東独の建国前後から壁崩壊までの，いわゆる東西冷戦の時期においては，他の分野と同じくスポーツ史においても政治的要素が色濃く反映されていた。東西両陣営がそれぞれ相手側のあり方を非難することで自らの正当性を主張することが一般的に行われていたからである[5]。

こうした政治的対立を背景に書かれたスポーツ史叙述は「客観的な知識の獲得」を妨げているとして提案されたのが上述のW. ブスらの主張である。ところが，これに対して社会史・現代史の立場から異を唱えたのがポツダム大学のG．シュピッツァーであった。彼はW. ブスらに対する反論で，かつての国家保安局史料を用い，独裁的な権力を持つ統一労働者党が，いわゆる「協力者」を通してスポーツの分野にもその徹底支配を貫徹したことを明らかにした。つまり，スポーツの現代史の脱政治化あるいは非政治化は，そうした「事実」を曖昧にしてしまう誤った立場を導くというのである。

2　客観的なスポーツ史とは

「自立的スポーツと政治干渉」と「依存的スポーツと政治道具化」という2つの理念型を分析ツールとして提案し，スポーツの自立的な文化現象の側面に焦点を当てることによって「科学的な現代史叙述」を可能にするというW. ブスらの主張と，日常生活やメンタリティのレベルまで確固とした足場を持つようになった社会・現代史研究の方法論の多元化こそが現代スポーツ史の研究レベルを担保するのだ，というG. シュピッツァーの主張との間には，にわかには歩み寄ることのできない隔たりがあるように思われる。

しかしながら，ここで問題となるのはスポーツから政治の衣をはがすのか，それとも衣もスポーツの一部と見なすのかといった素朴な二者択一などではないだろう。むしろ，科学的・客観的スポーツ史を目指すことのなかにこそ問題が潜んでいるのではないだろうか。現代史に限らず，そもそも客観的な歴史叙述といったものが存在するか否かは，一度問うてみる必要があろう。B. ニーブールとL. ランケによって確立された近代的歴史学研究法は，厳密な史料批判にもとづく客観的歴史叙述を可能にしたといわれる。この厳密な史料批判は，今日においても歴史学を志す学生がまず身に付けねばならない方法として訓練されるものとなっている。だが，いかに史料批判を厳密に行おうとも，それが過去の出来事の客観的叙述を保証するわけではない。史料は過去そのものではなく，いってみれば過去の痕跡に過ぎない。徹底した史料批判をしたとしても，あまたの史料の中からほかでもないその史料を選び取ったのは当の歴史家であるし，またその史料を書き残したのも過去の人物なのだから，いずれにしてもそれらの主観から免れることはできない。となれば，客観的歴史叙述とはいったい何であろうか。

客観的かそれともそうでないかの判断は，ある歴史叙述が過去に起こった出来事と正確に対応しているかどうかによってなされるというのであれば，それは歴史的事実によってその歴史叙述の客観性を検証するということになる。この方法は，まさに，ある仮説を立てて幾度も実験をくり返してその正しさを確かめる自然科学の実証主義のものである。ただ，ここで問題となるのは，一定の条件を整えてくり返し確かめる方法を採用できる自然科学とは異なり，歴史は一回限りに生起した出来事をあつかうことである。ある歴史叙述の確かさを，追試で確かめることなどできない。にもかかわらず，客観的な歴史叙述が可能だとする根拠は一体どこに求められるのであろうか。それはおそらく過去そのものがどこかにあるという確信であろう。過去それ自体の存在が前提されなければ，歴史叙述との一致や対応は問題にすらならない。それでは過去そのものは一体どこにあるのであろうか。たとえ，万能の神の目によって余すところなく記録された過去の出来事のリストがあったとしても[6]，それ自体は何事も意味を持たない事実の羅列に過ぎない。ある関心のもとに個々の出来事を関連づけることによって歴史となるわけで，ここには「ある関心」という主観が不可欠である。また，史料自身に語らせるといっても，史料は過去そのものではなく，過去の痕跡に過ぎない。

けっきょく，ここで問題となっているのは近代哲学における「はたして主観と客観の一致があるのかないのか」，あるいは「認識と対象の二元論」といった主観・客観の問題であることがわかる。

3　主観・客観のアポリアについて

主観・客観の問題はデカルト以降，近代西洋哲学の議論の中心テーマであった。上述のように，自然科学はある予測を立てて，それが一定の条件下では何度試みても一定の結果が得られるとするなら，その予測は確証となり客観的だという世界観を確立した。この近代自然科学の実証主義的方法がもたらした世界観は，人間の認識がさまざまな一般的問題に対しても客観的な答えを引き出しうるはずだ，つまり主観と客観は一致するはずであるという確信を抱かせた。

だが，ここで問題になるのは客観を認識できるといっても，それは人間の認識能力が完璧なものであることを前提する限りにおいてのみいえるということである。しかしながら，その認識能力が完璧であることを，外部の何ものかによって保証する手段を人間は持ち合わせていない。そうだとすれば，「物自体」についてはけっして認識しえないといったように，認識の対象は限定的なものにならざるをえない[7]。あるいは，人間の認識能力は固定的なものでなく，次第に高度化してゆき，最終的には完璧な「絶対知」に行き着けるのだといったとしても，それは最終ゴールがあらかじめ与えられていて，そこに向かって敷設されたレールの上をただひたすら走っていくといった決定論に行き着くだけである[8]。

それでは，こうした主客の構図を取り払ってしまうとどうなるのか。なるほど確かに，客観的なるものなどそもそも存在せず，あるのは現実についてのさまざまな解釈だけだとする考え方もある。しかも，それらにはより正しい解釈とか，より不確かな解釈といった区別があるのではなく，優勢な認識と劣勢な認識があるにすぎない[9]とするならば，これは主客の構図の呪縛から解き放たれた立脚点に身を置いたことになるといえるだろう。しかし，いっぽうでは数学の計算式のように，誰が試みても同一の解答が導き出されることをはじめとして，あらゆる人間に共通するような認識はいくらでも存在する。つまり，世の中にはさまざまな解釈を許す曖昧な事柄と，誰にでも共通する確かな事柄とが混在しているのだが，全てが解釈であるとしてしまうと，後者についての説明が付かなくなってしまう。

デカルトがその『方法的懐疑』で示したように，主観が自分の外に出て，外部から主客の一致を確かめることができない（デカルトはこれを「神」に委ねた）とするなら，主観の内部において世界が実在すること，自然の事物が実在すること，そして他者が実在することを疑えないものとして確信していることの根拠は何か，という問いを立ててみることがこれまで見てきた「主観・客観のアポリア」を解決する有効な手がかりを与えてくれるであろう。

そもそも，人間の主観には知覚や想起，記憶，想像といった意識表象があるが，それらのなかで知覚だけが意識の自由にならないという性質を持つ。想起や記憶，想像は意識の働きによって呼び寄せることも，また遠ざけてしまうこともできる。しかし，知覚だけは意識の意のままにはならず，身体の働きによってしかそれを遠ざけることができない。この性質によって現象学でいうところの知覚直観は主観の外側の存在について，その疑えなさを告げる源泉となりうるのである。さらにこの知覚によって得られた事実はまた，普遍的規定性を含む言葉の意味に置き換えることもできる。これがいわゆる本質直観と呼ばれる主観の外側の存在の疑えなさを告げるもうひとつの源泉なのである。つまり，実在と見なされるものに対する知覚の働きと同じように，ものの意味という抽象物もまた，意識の自由を越えたものとして，意識に疑いえないものの確信を与える働きをするのである。

きわめて粗雑ではあるが，主観・客観の構図にとらわれることなく，人間がなぜ客観の実在を疑いえないものとして受けとっているのかについては，現象学の考え方を通してこのようにまとめることができるであろう。

4　スポーツを「記述 description」することと「刻印 inscription」すること

2007年11月，日本体育大学深沢キャンパスにおいて稲垣正浩，今福龍太，西谷修をシンポジストとするシンポジウムがひらかれた。「グローバリゼーションとスポーツ文化」がそのテーマであった。このなかで，稲垣が今福の著作について言及したことを受けて，今福の展開した議論は非常に興味深いものであった。今福は早い時期から人類学の研究方法である「参与観察 participant-observation」について疑問を感じていたという[10)]。研究対象に向かう姿勢としてはまず観察 observation があるが，これはフィールドサイエンスや実験科学においては最もコンベンショナル（慣習的）な態度であって，なるべく自分自身を対象に晒さないように，対象から距離を置いて全体を見るというものである。もちろん，そうすることによって客観性を保証することが意図されているのだが，人類学ではこの観察にさらに参与 participant を付け加えて状況への関わりをその方法に取り込んだのである。今福のいだいた疑問の理由は，彼自身の言葉によれば，「近代の学問が予感している主観性と客観性をめぐる自己矛盾を深く考えないための自己弁明のような気がし」[11)]たことにあったという。

そこで，参与観察に飽き足らなくなった彼がとったのは，inscription という方法論の可能性を追究することであったという。主観や感情を排除し，客観的で実証的な事実と合理的な論理をもとに現実を構築することを前提とした，一種のフィクション（部分的な真実）が学問的な記述 description のモードであるとするなら，「自分を全体的な環境のなかに書き込もうとする身ぶり，ある立体空間・浮遊空間の中に自分を刻み込むという身振り，つまり inscription」[12)]はまったくそれとは正反対のモードであるといえよう。

今福のいう「内に向けて書く」あるいは「身体に書き込む」ということ，すなわち主客の構図からの離脱は，対象が「今・ここ」にある場合については参加 participation とそれに続く対象との一体化によって可能となる。しかし，現在に生きる私たちは，今となってはもう存在しない過去の出来事に参加することはできない。とすれば，スポーツにまつわる歴史的な出来事を主客の構図にとらわれずに扱うには，特別にそのための手続きが必要になってくると思われる。では，その手続きとはいったい何であろうか。

5　「物語り」としてのスポーツの歴史

知覚直観と本質直観とが客観の実在を確信させている源泉であることは上で確認した。では，知覚できないものについてはその存在は疑わしいというのであろうか。たとえば，地理学における赤道や，物理学における素粒子などは見ることも触れることもできない理論的な存在である。しかし，その実在を疑う人は現代社会にはいない。したがって，知覚できない事柄にしてみてもその実在は誰にも共通して確信されていることは明らかである。

科学哲学者の野家啓一[13)]はこのことを敷衍（ふえん）して，知覚できない過去の事物や出来事にも，こうした理論的存在と同じようにその実在性を与えることが可能だと主張している。ここには今福の学問的記述のモードである description から「自分を全体的な環境のなかに書き込もうとする身振り」としての inscription へと転換させる方法を「今・ここ」の限定から解き放ち，さらに過去の事象へとその適用範囲を拡大するヒントが示されている。

単純に考えると現在と過去は，今ここで知覚することが可能な事柄と，記憶を通して想起される事柄とに区別することができる。現代の心理学ではその持続時間に対応して記憶を感覚記憶・短期記憶・長期記憶に分類し，このうちの長期記憶はさらにドリルをくり返して身につくような実践的能力としての身体的記憶である「手続き的記憶」と，一定の意味内容を持ち言語化しうる過去の事柄についての記憶である「宣言的記憶」に分けている。後者の「宣言的記憶」はさらにまた，個人的経験にまつわる体験的過去に関する「エピソード記憶」と，歴史的過去のように特定の体験からは独立した伝達可能な知識としての「意味記憶」に細分化される。野家は歴史を叙述するという「言語」行為をこのエピソード記憶から意味記憶への転換を促す操作ととらえ，それを実行する装置が「物語り」だとする。彼はアーサー C. ダントー[14]の「物語り文」と「理想的年代記」なる概念を下敷きに，自身の「歴史の物語り論」を展開するなかで，過去の出来事の目撃報告はそれがいかに正確なもの（理想的年代記）であろうが，歴史叙述としての資格は持ちえないという。なぜなら，過去のある出来事はそれ自体としてではなく，それが起こった後に付与された「意味」を通じて記憶され，歴史に記録されていくからである。つまり30年戦争はそれが勃発した時点では「30年戦争」と記録することができないように，過去の複数の出来事を時間的に組織化するコンテクストを欠いては歴史叙述には成りえず，それを可能にするのが「物語り」だというのである。

個々の過去の出来事，個人的経験にまつわる体験的過去の記憶は，それ自体としては意味を持つことができない，しかし，それら一つひとつを結んで張り巡らされた意味のネットワークが構成される（物語られる）ことによって歴史叙述のなかにその位置を占めることができるようになる。とすれば，「今・ここ」の個人的な体験は時間を超えた通時的な「今・ここ」と，空間を越えた共時的な「今・ここ」を相互主観的にとらえることによって，過去の出来事と接続することができるといえるのではないだろうか。

さらにまた，この「物語り」は一旦語られたらそれが絶対的に確定されるという性質のものでは決してなく，絶えず未来にひらかれており，新しい史実の発見や歴史理論の進展によって訂正されることもありうるのである。

まとめにかえて

冒頭に述べた東独スポーツ史の書き換えについての議論を契機として現代史を叙述する方法について考察を試みたが，ドイツのスポーツ史家たちが問題とした論点にまで迫ることはできなかった。ただ，ここで取りあげた問題が過去の事実を確定する方法であるとすれば，巨視的に見ればそれほど離れた場所に私たちが位置しているわけでもないと思われる。

スポーツ分野に関わった人々が東独時代について語った書籍が壁の崩壊以後幾つか出版された[15]。そのうちのひとつにサラエボとカルガリー冬季オリンピックの女子フィギュアスケートを制したカタリナ・ビットの自叙伝『メダルと恋と秘密警察』がある。これは邦訳のタイトルからもわかるように，トップアスリートの競技以外の私秘的な生活を知りたいという読者の欲求に応えたものだ。では，この自叙伝のなかに歴史的過去の事実を認定することはできないのであろうか。たしかに，自叙伝などでは自尊心から自らに不都合なことを無視したり，自らに都合良くねつ造したりすることもあるだろう。そもそも個人の記憶が曖昧なことは私たちの身近な経験でもある。しかし，自叙伝があてにならないという判断は，あくまで主観の外部に参照すべき客観的事実があるという確信からもたらされるもので，それは主客の構図から免れてはいない。だとすれば，個人的な経験にまつわる体験的過去の叙述である自叙伝を私たちはどのように扱えるというのであろうか。野家の通時的・共時的な体験的過去を結び合わせるネットワークをイメージした「物語り」論はこうした疑問の解決に有効な鍵を提供していると思われる。

（船井廣則）

註と引用参考文献

1）メキシコ大会以降ソウル大会までの5夏季大会におけるメダル獲得数は金153，銀129，銅127個。グルノーブルからカルガリーまでの6冬季大会では金39，銀36，銅35個を獲得した。GDR Academy of Science : Information GDR, Pergamon, 1989 S.682.

2）Buss, W. / Gueldenfennig, S./ Krueger, A. : Geschichts-, kultur-, sport (politik)-und wissenschaftstheoretische Grundannahmen sowie daraus resultierende Leitfragen fuer die Forschung. Grundsatzpapier zum Forschungsprojekt Die Geschichte des DDR-Sports. In : Sozial-und Zeitgeschichte des Sports, 13. Jahrgang Heft 1 Meyer & Meyer, 1999 S.65-74.

3）Spitzer, G. : Grundsatzpapier zur Entpolitisierung der Geschichte des DDR-Sports? Erwiderung auf Wolfgang BUSS/Sven GULDENPFENNIG/ Arnd KRUEGER. In : Sozial-und Zeitgeschichte des Sports, 13. Jahrgang Heft 2 Meyer & Meyer, 1999, S.64-75.

4）船井廣則「歴史としての東独スポーツ」『スポーツ史研究』第18号，2005年，S. 43ff.参照

5）たとえば，1967年に東独のシュポルト出版から刊行された『ドイツ身体文化史Ⅳ

(1945－1961)』はその典型的な例といえる。これは原始時代から現代までの身体文化を，マルクスの発展段階説にもとづいて叙述した全4巻シリーズのうち最も早く世に出た1巻で，G.ボンネベルガーを中心に東西ドイツスポーツの現代史を扱ったものであった。また，西側においても自らの東独におけるスポーツ選手としての経験をもとに東独スポーツを論じたP.キューンストの『スポーツの濫用―ソビエト占領地区と東独におけるスポーツの政治道具化―』1982年が出版されているが，これはもう一方の代表的著作といえよう。

6）アーサー C．ダントーは「理想的年代記作者」という概念をもちいて物語り文の特徴的な働きを説明した。

7）カントの批判哲学は，人間の理性は原理的に客観それ自体を認識できないということを証明するもの。

8）ヘーゲルは，人間の認識を一定の機能しか持たない道具ではなく，生き物のように成長する性質を持つものだとした。それゆえ究極的には神のごとき完璧な認識に到達しうると考えた。

9）ニーチェは近代哲学の主観客観図式そのものに誤りがあるとして，客観は存在せず現実についてのさまざまな解釈があるだけだと主張した。

10）今福，西谷，稲垣『グローバリゼーションとスポーツ文化』IPHIGENEIA 第8号，2007年，S.111ff.

11）前掲書10)，S.125.

12）前掲書10)，S.124.

13）野家啓一『哲学塾　歴史を哲学する』岩波書店，2007年

14）アーサー C．ダントー，川本英夫訳『物語としての歴史　歴史の分析哲学』国文社，1989年

15）寶学淳郎はそれらの中でも「自叙伝的著作」に注目し，その分析を通して東独スポーツ史に重層性を与えようと試みている。「旧東ドイツスポーツ関係者が語る東ドイツスポーツ―自伝的著作（1990－1998）の分析を中心に―」『スポーツ史研究』第21号，2008年，S.43ff.参照。

6 ガット考
—スポーツ用具史に関する覚書—

はじめに

1999年の暮れ，大阪・日本橋の国立文楽劇場にあるプレゼントが届けられた。それは，1987年に商業捕鯨が禁止されてから入手が難しくなっていた鯨のひげであった。

「朝日新聞」(1999年12月25日付，大阪版）は，送り主の鈴木高志氏が府中市で競馬用の鞭の製作をしている国内でただ一人の職人であること，劇場に届けられたのが長さ２m余りの板状のひげ４枚と１箱分の端材であったこと，そして，鯨のひげを贈られた劇場関係者が「これで今後200年は大丈夫」と喜んだことなどを伝えている。

この記事によれば，文楽で使用する人形の首や手の中には幅１cm，長さ数cmほどの鯨のひげが入っており，それがバネの役目を果たして，目，口，まゆ，指を動かすという。劇場ではこれまで，加工がしやすく，耐久性にも富むセミクジラのひげを使用してきた。ストックもあるにはある。だが，捕鯨禁止は，伝統的な文楽の存続に重大な危機をもたらしたのである。

鯨のひげ。これが日本では，かつてテニス・ラケットにも使用されていたという話を聞いたこともある。いうまでもなく，テニスのラケットには，ヨーロッパでは長い間ガットと呼ばれる腸線が用いられてきた。このガットgutの素材は羊の小腸である。日本でテニス・ラケットの網に鯨のひげが用いられていたのが事実とすれば，これもまた，スポーツ用具の日本的受容にまつわるトピックスの一つといえるだろう。本論では，鯨のひげについては直接とりあげないが，ガットが果たした歴史的役割に着目することで，スポーツ用具史における素材に関する研究課題の一端を探ってみたい。

1　ガットとラケット

そもそもガットとは何か。まずはこの言葉の意味から説明しておきたい。いうまでもなく，‘gut’は英語であり，本来は「腸」を意味する。ちなみに，複数形－sで「内臓」，そして「勇気」「元気」（すなわちガッツポーズの「ガッツ」）を意味する。『オックスフォード英語辞典』によれば，gutの語源は古英語のguttasからゴート語のgiutanまでさかのぼり，英語文献での初出は11世紀頃となっている。だが，テニス用のラケットにガットが張られるようになったのはそれからだいぶ後のことだった。

スポーツ史の知見によれば，ガットを用いた網状のラケットが文献で確認されるのは16世紀初頭のことである。『テニスの文化史』を著したギルマイスターによれば，テニスは長い間手のひらで行われており，あきらかにガットが張られた網状の用具への言及としては，エラスムスの『対話集』（1528年）が最初という。

『対話集』では，学生ニコラウスの口から―あまり汗をかかずにすむなど―ラケットの利点や機知にとむ言葉遊びを通してその性状がもれる。ニコラウスのパートナーのヒエロニムスは，ラケットで汗を倹約しようという侮辱的な要求を断固拒否する。手のひらで打つほうがエレガントだし（いまふうにいえば，スポーツマンらしいし），ラケット（ラテン語でレティクルム reticulum）なんてものは漁師にまかせればいいんだよ，という。

（ギルマイスター『テニスの文化史』p.88）

ギルマイスターによれば，「レティクルム」は，元来，漁網やたも網を意味したことから，エラスムスのいうラケットが網状のガットをそなえていたものと考えられるという。しかしながら，この記述だけでは，網の素材が本当にガットだったかどうかはわからない。その点では，やはりギルマイスターが引用するつぎの史料の方が，ガット素材の使用をいっそうほのめかす内容といえる。それはスペイン人のビベスという作家が1539年に書いた『ラテン語練習帳』からの一節である。

「いったいどんなふうにパリではボールを打つの，ファウストバルみたいにこぶしでかい」と若いボルジャがたずねる。「いいや，そうじゃないんだ」とパリ帰りのシンティラが答える。「レティクルムを使うんだよ」。そこでボルジャは，「レティクルム，あの糸で編んだやつでかい」とさらにたずねる。ボルジャは，かつての『シャーロック・ホームズの物語』でのワトソン博士のようにものわかりにもうひとつ欠けるようで，漁網やたも網を思い浮かべている。「違うんだよ，もっと太いガットで，ちょうどリュートの低音弦の太さぐらいのやつだよ」とシンティラはボルジャにテニスのノウハウを教える。

(ギルマイスター，同上)

ここで言及されている「リュート」とは，16世紀末から17世紀初頭のヨーロッパで流行していた弦楽器の名称である。音楽学の知見によると，リュートは遅くとも14世紀にはガット弦を使用していたという。したがって，こういった文献や図像により，16世紀にはすでにガットを用いたテニス・ラケットが登場していたと考えて良いことになる。

ところで，ギルマイスターは，ラケットにガットを初めて張ったのが16世紀初頭のオランダのラケット製造業者だったのではないか，という仮説を提示している。たしかに，ガットを張ったラケットを意味するラテン語の‘reticulum’はオランダ出身のエラスムスの著作にいちはやく登場する。だが，そのことがただちに，ガットを張ったラケットの「発明」を16世紀初頭オランダのラケット職人に帰する理由にはならない。

筆者がギルマイスターの仮説に疑問を持った理由はこれだけではない。それはまさしくガットそのものの歴史的広がりに関わる。そのことをより具体的に示すために，つぎにラケットと同様にガットを用いたいくつかの弦楽器を俎上にのせてみたい。弦楽器との比較考察を試みることで，ガットそのものの文化史的な広がりを示すことができるはずだからである。

2　ラケットとヴァイオリン

ガットを張ったラケットが16世紀初頭のヨーロッパで登場した「新しいスポーツ用具」であることはすでに見てきたとおりである。それとともに興味深いのは，ヨーロッパ人の手で完成された弦楽器とされるヴァイオリンについても，じつは15世紀末から16世紀にかけて登場してきた「新しい楽器」だということである（ちなみに，violin の英語文献での初出は1579年）。

また，本論との関わりでいえば，ヴァイオリンにも当初からガット弦が用いられていたことがわかってもいる。つまり，ガットを用いたラケットとヴァイオリンは，ともに16世紀初頭（ないしは15世紀末）のヨーロッパで誕生した「ニュー・インスツルメンツ（new instruments）」だった，ということになる。また，両者はそこで用いられるガットを通じ，たがいに言及されてもいた。たとえば，ピエール・バケロンはこう記している。

それ（ラケットのガット）は，ヴァイオリンのものと同様である。ただし，より弾力があって切れにくいものが使われている。というのも，ラケットに用いるガットは硫黄に浸されてはいないからである。

（Hamilton, *Ball and Racket*, p.84）

ここで，腸線を「硫黄」に浸す処理方法についてふれているが，この点についてはいささか説明がいるだろう。

一般に，弦楽器に用いるガットとしては，乾燥地や丘陵地帯で生育した小羊の小腸を９月に精製したものが最良質といわれている。全長約20m におよぶ小腸の末端およそ３分の１ほどのところがガット弦の材料となる。羊からとり出された腸はまず流水で洗ったうえで，特殊な杖でこすり，外膜がはがされる。そのうえで繊維質の内膜をカリウムと灰汁の溶液，過マンガン酸溶液に浸し，乾かしたのちに膜の良質の部分を選び出す。それを縦に細長く裂き，数回より合わせる。おそらく，この工程でガット線の太さが調節されると思われる。つぎに硫黄の煙に通してから，馬の毛をたばねたもので太さをそろえ，オリーブ・オイルなどで磨きをかけるのである。

図1　17世紀のラケットとボール

出典：J. M. Heathcote, Tennis, in *Tennis: Lawn Tennis: Rackets: Fives* (The Badminton Library of Sports and Pastimes), London: Longmans, Green, & Co., 1890, p.34.

なぜ硫黄の煙を通すのかはわからない。だが，前述の引用文によれば，ラケットに用いられるガットについては，強度を保つためにこの処理を行わなかったということであろう。バケロンはさらにこうもいっている。

（ラケットの）縦糸はチェロのD線（レ音）と同じ太さで，横糸はA線（ラ音）より太くならないようにするべきである。(*Ibid.*)

ちなみに，音楽学の領域では，ヴィオラとチェロもヴァイオリン属に分類される。チェロの場合，第1弦からA線，D線，G線，C線の順に張られ，しだいに弦の直径が太くなる。また，初期のラケットに張られたガットがどれくらいの太さだったのかを知る手がかりもすでに引用したビベスによる『ラテン語練習帳』より得られるはずである。

3　スカイノの球戯論

ここまで弦楽器におけるガットについて見てきたが，ふたたびギルマイスターの仮説にもどってみよう。すでに述べたように，ギルマイスターはガットを用いたテニス・ラケットが16世紀オランダのラケット職人によって生み出されたものだったのではないか，との仮説を提示している。しかしながら，じつは同訳書のあとがきで稲垣正浩が指摘しているように，ギルマイスターの研究書ではイタリアの状況に関する言及が見られない。この点は，テニス史研究者の間でよく知られているアントニオ・スカイノの『球戯論』の存在を考えても腑におちない点といえる。スカイノの『球戯論』は1555年にイタリアのヴェネツィアで刊行された。さしあたり同書の中から本題と関わると思われる部分を抜き出しておきたい。また同書では，遅くとも16世紀半ばまでには，イタリアにおいても，貴族ご用達のテニス用具職人がいたことが示唆されている。

ラケットはほとんどギターのような美しい形に作られており，手で握られる部分は狭くて，それから先はだんだんと幅が広くなっていき，最大幅は10インチで，長さは１フィート半である。幅が広くなり始めるのは柄の端のところで，やがて木を丸くくり抜いてできた小さな輪とでもいうような円周となる。そしてその輪の内部空間に，ヴィオラで用いられている最も太い弦のようなガットが縦横に張られていて，釣り合いのとれた小さな網のような具合である。このガットは太さが均一で細くて，しかも寿命が長くて丈夫で，手で押しつけたときにへこまないか，少なくともへこみにくいものでなければならない。かくして，ボールとラケットとの間に見事な均衡ができて，（この点こそ，このゲームの優美さと卓越が存するのであるが）ボールがラケットにぶつかるやいなや，ほとんど感知できないくらいの時の間に跳ね返るだろう。コートの壁ぎわでボールを打って飛ばすためには，木を頂点部分で小さくとても狭めたカーブ状態にしながら，輪の縦の長さの端のところでかなり湾曲するように，ラケットは作られねばならない。

ラケットはとても高価で，すべての人の財布でまかなえる以上に費用がかかるものなので，「パレッタ（小さなシャベル）」とか「メスコーラ（杓子）」などと呼ばれているある木製の道具がその代用として多くのプレーヤーたちに使われている。打球に使われる部分はほとんど全く円形か四角に作られていて，幅はおよそ6インチで，長さは柄を含めて2フィートである。

（辻本義幸訳，表孟宏編『テニスの源流を求めて』p.330）

長々と引用したのにはわけがある。ここで示したかったことは2つある。ひとつは，すでに16世紀半ばにはガットを用いるラケットの基本的な構造ができあがっていたこと，そして，当時のラケットがひじょうに高価であったことである。これはヴァイオリンについてもそのままあてはまるものだった。歴史上，ヴァイオリンは15世紀末から16世紀初頭のイタリアで誕生し，17世紀から18世紀前半にかけて完成されたといわれている。「ストラディバリ」に代表される16世紀から18世紀半ばのイタリアで製作されたヴァイオリンがいわゆる「名器」として珍重されているのはそのためであり，今なおイタリアがヴァイオリン製作史の中心地といわれている所以である。

かたやラケットについてはどうだったのか。すでに引用したスペイン人のビベスが語っているように，16世紀にはパリでもガット・ラケットが使われていたことが示唆されている。フランスのテニス用具史に関する日本語で読める資料としては，さしあたり，アンリ・ルネ・ダルマーニュによる『ジュ・ド・ポーム』（1903年）がある。

ダルマーニュによれば，フランスにおけるポーム（テニス）用具に関わる産業の起こりは13世紀までさかのぼるという。しかしながら，当然のことながら，その頃の仕事の内容は主にボールの製作に関わるものだった。くりかえし述べているように，ガット・ラケットがスポーツ用具史の舞台に登場するのは16世紀に入ってからのことだからである。時代が進み，17世紀に入ると，フランスのポーム用具職人たちは，似たような職業から独立した彼らだけの同業組合を結成していた。ダルマーニュは，その例証として，1610年11月13日にシャトレで登記された規約をあげている。そこには，「ポーム競技

図2　リアル・テニスにおけるフォア・ハンドのグリップ

出典：E. M. Baerlein, Tennis, in *Rackets, Squash Rackets, Tennis, Fives, & Badminton*（The Lonsdale Library, vol.16), London: Seeley Service & Co. Limited, 1934, plate.35.

用品の親方たち，ラケット製造職人，ポーム用ボール，ペロタおよびボール製造職人の共同体」との記述が見られたという。なお，当時のフランスにおけるポーム用具やその製造に関わる資料としては，ディドロがダランベールの協力のもとに編集した『フランス百科全書』(1751～1752年)がある。

おわりに――ガットの源流考

さて，ビベスの記述に登場したリュートだが，この楽器の起源はオリエントまでさかのぼる。音楽学者のクルト・ザックスは，楽器の構造から，ヴァイオリン，ギター，三味線，琵琶，胡弓などの楽器をまとめてリュート属に分類しているが，興味深いのは，リュートもヴァイオリンと同じくガット，つまり羊の腸弦を使用していた点である。ちなみに，英語の lute の初出は1361～1362年である。また，この楽器はギターと同様，アラビアのウード（アル・ウード［al－'ud］→リュート）という名の楽器を起源としている。ウードはさらにペルシャまでさかのぼり，少なくとも8世紀末には絹糸弦とともにガット弦が用いられていた。したがって，ことガットの使用という点に関していえば，スポーツ用具よりも弦楽器における利用の方が早かったと考えられる。

なお，弦楽器の弦の素材については，つぎのような特徴が認められる。すなわち，日本を含む東アジアでは，箏，琵琶，三絃，胡弓など，すべての弦楽器の弦が絹糸で作られている。これに対し，西アジアからヨーロッパにかけての遊牧民の文化では，弦の素材では羊腸弦すなわちガット弦が圧倒的に多いことが知られている。

このように，スポーツ用具史も，その素材に注目すれば，他の文化領域との関わりも垣間見える重要な研究領域といえる。とくにガットの場合は，そもそも日常生活のうえで羊との関係が希薄な日本人にとっては興味深い研究対象といえるだろう。たとえば，羊は犬に次ぐ最初の飼育動物であり，14世紀のイングランドではすでに，250万人の人間に対して少なくとも800万頭もの羊が飼われていたという（ドロール『動物の歴史』）。

冒頭でも述べたように，日本ではガットの代わりに鯨のひげが用いられた時期があったとすれば，すでに早い時期から家畜化されてきた羊の小腸にくらべ，捕鯨に反対する西洋世界の人びとの主張にもそれなりの歴史的根拠があるようにも思えてくる。事実，羊の家畜化は紀元前8000年紀頃のトルコ側近東にまでさかのぼる。したがって，羊に限らず，スポーツ用具と動物ないしは動物性素材との歴史的関係がそうとう古く，また広範囲に及んでいたことはまちがいない。こうして，スポーツ用具としての家畜，あるいはスポーツ用具の中の動物性素材といった新たな研究課題も浮かび上がってくるのである。

（松井良明）

参考文献

・稲垣正浩「ポーム」日本体育協会監修『最新スポーツ大事典』大修館書店，1987年，所収
・稲垣正浩「テニス球戯起源論とペロタ球戯（バスク民族）の関係について―H. ギルマイスターの仮説批判，その１―」『スポーツ史研究』第10号，1997年，所収
・川北稔『イギリス：繁栄のあとさき』ダイヤモンド社，1995年
・ハイナー・ギルマイスター，稲垣正浩・奈良重幸・船井廣則訳『テニスの文化史』大修館書店，1993年
・ハイナー・ギルマイスター，谷本愼介訳「テニスと中世のボールゲーム―ゲームの起源と探求の道―」表孟宏編著『テニスの源流を求めて』大修館書店，1997年，所収
・下中邦彦編『音楽事典』第２巻，平凡社，1959年

・下中邦彦編『音楽大事典』第１巻，平凡社，1982年
・アントニオ・スカイノ，辻本義幸訳「球戯論」表孟宏編著，同上書，所収
・竹谷和之「バスク・ペロタの文化変容」稲垣正浩編『新世紀スポーツ文化論Ⅱ』タイムス，2002年，所収
・アンリ・ルネ・ダルマーニュ，鈴木悌男訳「ジュ・ド・ポーム」表孟宏編著，同上書，所収
・ロベール・ドロール，桃木暁子訳『動物の歴史』みすず書房，1998年
・村岡健次・川北稔編著『イギリス近代史－宗教改革から現代まで－』ミネルヴァ書房，1986年
・R. Hamilton, The Development of the Ball and Racket in Tennis, in L. st. J. Butler and P. J. Wordie (eds.), *The Royal Games*, Falkland Palace Real Tennis Club, 1989.
・Recueil de Planches, sur Les Sciences, Les Arts Liberaux, et Les Arts Mechaniques, Avec Leur Explication. 1762－72.

7 近代医学導入者とわが国のスポーツの発展

はじめに

わが国における近代体育の普及・発展，あるいは各種スポーツの導入などといった点については，これまで先ず当時の体育指導者たちの功績が前面に出され論じられる場合が多かった。

それに引き換え，同時代にわが国で活躍していた医学者たちのそれらに関する功績はほとんど報告されていないのが実状である。しかしながら，当時の医学者たちは最新の西洋近代医学導入のために海外から多くの情報を取り入れるかたわら，医学以外にも様々な最新情報をいち早く入手していた。それらは，学校体育の現状やスポーツの情報等といったものも例外ではなかった。例えば，わが国の近代医学教育に尽力したエルヴィン・ベルツ（Erwin Bälz；1849－1913）や三宅秀（1848－1938）は自らの著書や各地での講演活動で，さらには日常生活の過程においてそれらを直接・間接に早くから推奨しており，このようなことからも従来先行研究などで評価されてきた体育・スポーツ指導者同様に評価されるべきであろう。

そこで本稿では，わが国の近代体育・スポーツを形づくる上で日本近代医学成立に尽力した医学者たちがどのような見地に立ちそれらに対処したかを再考し，広い意味でわが国のスポーツの発展にどのような役割を果たしたかを考察することにする。

1　お雇い外国人・ベルツの果たした役割

⑴　ベルツの注目した視点

近代化に遅れていたわが国は，欧米諸国から大量の外国人を東京大学などに雇い入れることによりその解決策を早急に図っていった。

当時，日本政府の招聘による傭外国教員いわゆる「お雇い外国人」には大臣なみの高額な俸給が支給されており貢献への代価は決して安いものではなかった[1)]。しかし，その顔ぶれと業績を見れば当時の国家の出費は決して高いものではなく日本の近代化に不可欠の頭脳でありその職責の大きさには想像を絶するものがあった。

このような「お雇い外国人」の一人として来日し，日本近代医学の成立に最も寄与した人物として先ず浮上してくるのはベルツであろう。

エルヴィン・ベルツ

ベルツは，1876年に南ドイツから来日し東京医学校（現在の東京大学医学部）の内科教師として教鞭をとり，帰国するまでの約29年間にわたり日本近代医学の普及と発展に尽力した人物である。彼の講義の受講者は800人以上になるといわれるが[2)]，彼の著書などを通じて近代医学を学んだ者は，それをはるかに上回るものであったろう。

そのような彼は，専門の医学教育以外にも極めて広範囲に及ぶ研究を行い，それらの業績に関する紹介や論説はかなりの数にのぼっている。なかでも，日本人を人類学的に研究した『日本人の身体的特徴』（*Die Körperlichen Eigenschaften der Japaner 1,2*）では対象者が1400名に達し，身長については3000名を計測，研究している[3)]。この研究は当時としては例を見ないほど詳細を極めたものであり，その成果は「人体学的人類学」の体系を築いたシュトラッツ（C.H.Stratz；1858－1924）に影響を与えたことなど注目されよう。

それはともかく，とりわけ体育・スポーツ分野において彼の存在が注目された初期の例としては，1883年５月，文部省の依頼により行われた「剣術柔術等教育上ノ利害適否調査」いわゆる「剣術柔術調査」に彼が調査委員として参加していたことがあげられよう。

その他，彼は当時ヨーロッパで盛んになりつつあった自然環境を医療に応用することと関連して海水浴（水泳）を推奨したり，海水浴場の選定も行った。事実，片瀬海岸は彼が選定したものである[4)]。さらに，医学者として当時の日本人の服装にも注目するとともにその改善を雑誌や講演会などにより提言しその推奨に尽力している。結果，明治30年代に入り女学生が袴を着けるようになったのはベルツが行ったこのような女性の服装についての進言が大きく影響している[5)]。

そのような彼は，1883年6月1日に日本政府から勲四等に叙せられ旭日小綬章が贈られている。その際，彼の7年間の教鞭に対する叙勲申請書類には日本に於ける業績目録があり，「洪水熱，胸膿之療法，写書生理，寄生性喀血病，産後出血制止法，多発神経炎ト脚気病ノ関係，日本伝染病，日本人体格論，人体新寄生虫論，日本食品・衣服・住居・体育ノ効用，十二指腸虫(下線筆者付)」[6)]と例記されている。

以上のことから，在日中におけるベルツの極めて広範囲に及ぶ多くの研究は，来日後直ちに着手されたものといえ，したがって，その脈絡の中で体育・スポーツに対する研究も，1883年6月以前にすでに行われていたものと考えることができよう。

⑵　西洋科学に助けを求めた日本の武道

「剣術柔術調査」とは，「文部省が1883年5月5日，“剣術柔術等教育上所用ノ利害適否”を体操伝習所に諮問するとともに東京大学医学部長・三宅秀，同じく医学部教師・ベルツ（内科），スクリバ（外科，Julius Scriba；1848－1905）の医学者3名を招くとともに，剣術・柔術の流儀伝習に従事する者に一流あたり拾円交付しその流派教授の順序勢法等を討問演習させるなどした」[7)]ものである。この調査は翌年10月13日に復申され，「武術の正課採用は不適当」として結論づけられた。

しかしながら，この調査結果の内容については，先行研究のほとんどが高野佐三郎著『剣道』に著された「二術の“利とする方”五つ，“害若くは不便とする方”九つ」[8)]の部分を引用しており，この他にこの調査結果を越える資料等はこれまで示されていない[9)]。

したがって，この「不適当」とされた根拠について当時の日本医学界最高首脳陣の3名がどのような考えを生理学的に開示していたか等，その理由を示すものは見当らず詳細は不明である。また，調査委員の一人であったベルツの死後，息子であるトク・ベルツ（Toku Bälz；1889－1945）により編集出版された『ベルツの日記』からも残念ながら1883年から1888年までの内容がほとんど削除されているためその詳細を知ることはできない[10) 11)]。

その後，この調査は1896年５月勅令第185号をもって発足した「学校衛生顧問会議」（議長：三宅）に引継ぎ，諮問されることとなる。しかし，同年７月８日の決議による答申は「撃剣柔術ハ躰操術トシテ之ヲ課スルヲ得ズ。然レドモ，一ノ遊戯トシテ満十五年以上ノ生徒ニ之ヲ採用スルコトヲ得」[12)]とされ，正課採用はまたしても見送られることとなった。その後，剣術・柔術が学校教育における体操科に加えられるようになるのは1911年７月31日の「中学校令施行規則改正」以後のこととなる。

しかしながら，これら２つの調査結果で剣術・柔術は不適当とされたにもかかわらず，筆者のこれまでの研究では「剣術柔術調査」，「顧問会議」の２つの調査に唯一参加し極めて重要なポストに就きその審議に参画していたベルツ，三宅の医学者２人が剣術や柔術に対し否定的考えを持っていたという事実を得るには至っていない[13) 14)]。さらに，ここで重要としてよいことは，一国の文化の伝承の本質そのものである教育教材の是非論に西洋科学を援用しようとした事実である[15)]。

(3)　東大生の健康状態の悪さとその改善策

来日して間もないベルツは，日本国民の衛生思想やその改善に強い意欲を示し，特に青少年の栄養の悪さ，そして彼らの体力の状況を憂いその改善のためにスポーツによる鍛練の重要性を強調した。

そのような彼は，日本の武術に一貫して高い価値を見出し自らも生活の中で武術を実践していたが，しかし，これは自身のためだけでなく日本の学生の啓蒙のためにその範を示すためであったことが著書“*DAS KANO JiU-JiTSU*”において次のように著されている。「東京大学の学生は栄養が悪く，そして勉強をし過ぎしばしば一晩中座って本を読み，身体運動はしておらず試験の日にはしばしば疲れ果て，ある時は疲労困憊で死ぬ者までいる。私は，それらを近いうちに良い方向へと変化させようと努力した。しかし，学生に体育館またはグラウンドでの運動の機会を与えようとしたが認可は下りなかった。剣術は卓越した訓練法であると認め，私は復活するように推薦した」[16) 17)]。

また，息子・トクは1940年10月５日に文化映画制作のために東京に来日しているが，その際，彼は父の思い出を次のように述べその様子を語っている。「私が今でも面白いと思っているのは父が今から六十年も前に現在ドイツ，日本等で言われている体位向上を考えていた事です。当時父が教鞭にあった医学校（帝大医学部の前身）の学生があまり勉強ばかりして次第に体が悪くなるので学生に剣術・柔術をすすめ自らも之を行ったのです」[18)]。

さらに，ベルツの直弟子であり長い間彼の通訳として活躍していた三浦謹之助（1864－1950）もトク同様にスポーツに高い価値を見出していたベルツのことを著書『懐古』の中で次のように述べている。「ベルツさんは公私共に忙しいにもかかわらず，体育のことを怠らなかった。病院から帰って用がすむと榊原鍵吉という剣客に剣術を習ったり，ローンテニスをしたりしました」[19)]。このように，ベルツは当時の学生の健康状態の悪さを指摘しその改善のために早くから生活の中で日本の武術やスポーツを推奨していた。

さらに，彼は1886年12月18日に刊行された『大日本私立衛生会』の第43号において「日本人種改良論」という演題のもと「日本人ハ體小ニシテ一時ノ働作力多クハ驚歎スル程ナラズト雖モ天性甚ダ百事ニ巧ナレバ其智能ヲ練習発達セシメン事ヲ務ムベキナリ此ノ練習ノ如何ナル巧効ヲ奏シ得ルカハ柔術ヲ見テ知ルベシ此體操法ハ普ク学校等ニ行ハレン事ヲ希望スル所ナリ」[20)]と述べるなど「学校教育」における柔術の推奨・奨励も行っているのである。

そんな彼は，「剣術柔術調査」の調査期間中である1883年６月頃にも当時剣術師範で有名であった榊原鍵吉を医学部に招き学生とともに剣術を試みその演習に大変満足している[21)]。このように，ベルツが一貫して高い評価を示し推奨していた剣術は５年後の1888年５月ついに東京大学における学生の活動として認められることとなった[22)]。

帰独まもない彼の『日記』（1903年12月24日）には，卒業生100名を前にし「非常に目立つのは，これら当代の人達が二十年前の先輩連に比べて，遥かに堂々たる体格をし，強壮で端麗な点である。これは体育向上とスポーツ愛好の結果である」[23)]と日本人の体格の向上を心から喜んでいる部分がある。

これは日本人の健康の改善に対し彼が常に深い関心を持っていたということであり，また彼にとってのその改善策の一つとして日本の伝統武術やスポーツを推奨・奨励してきたことに誤りがなかったことを確認したためといえよう。

2　東大医学部長による身体活動のススメ

三宅　秀

三宅秀は，1881年７月から約９年間東京大学初代医学部長を務め，1888年の学位令制定ではわが国初の医学博士の一人となるなど日本近代医学教育の基礎作りに最も尽力した一人としてその功績は多大である。

なかでも，明治期における医事衛生に関する法令等の制定には中心的な役割を果たし，石黒忠悳（1845－1941）は当時を懐古し著した『懐旧九十年』において，「明治の初めより三十年に至るまでの間において，医事衛生につき新たに制度を設けらるる時には長与・石黒・高木・長谷川・三宅らの輩がいつも順番にその私宅に会し，熟議相談の上原案を作り，討議を重ねて案を練り，それより公の議に付してこれを定めたもので，この輩が殆ど医制の根本の連中であったのです」[24]と語っている。また，息子である鑛一（1876―1954，東京帝国大学医学部名誉教授）も父の功績を次のように語っている。「おやぢは日本医学創始者だった，そして医事行政の先覚者だった。現行の医学衛生に関する法律は殆んどおやぢの息がかかっている」[25]。以上のことからも，三宅の医事行政に果たした役割が理解できよう。

ところで，彼の「衛生」に対する考えを大きく変えたひとつに，衛生行政における先進国を視察した1876年のフィラデルフィア万国医学会があげられよう。彼はこの医学会において副会長に選出され，さらに万国医学会におけるわが国最初の講演者となっている。

それはともかく，そこでの彼はわが国と先進国では「衛生」に対する考え方に大きな違いがあることを知り，「日本では衛生といへば一も二もなく病に罹らないよふにすることと，病気を予防するということだけが衛生であるかのよふに心得てゐて，其の他の災害で生命を損ずることは衛生の中に入らないよふに思ってゐる。現に私共は其時アメリカで見て来たそのことに感心して，何時でも病気ばかりでなく，其の他の危険を皆防ぎ得るだけ防ぐことに努めてゐる」[26]と述べている。そのため，帰国後の彼はわが国における「衛生」の改善に様々なかたちで尽力した。その一つが後の飲食物及び薬品の取締，飲料水の供給，伝染病予防法，検疫停船の方法，貧民救済，病者救護の設備，病院・療養所・感化院・監獄等の取締法の実施につながったのである[27]。

このように，先進国から「衛生」についての重要性を先駆的に学んだ彼は自著『学校衛生講義』において，「人体が健康に生存して長らふることを務むるは衛生学なり。又健康をさまたぐるは如何なる物ぞ，また如何にせば其障碍を取り除くことを得べきか等を研究するは，一汎衛生学の目的なり。」[28]と著しその重要性を強調している。さらに，「衛生」の最終目的を『家事衛生』の中の「慈善及救済」において「衛生の最終目的は，身体を健康にするのであるが，何事業を為すにも身体の強健と云うことが基礎になるのである」[29]と著し，常に身体を強健に保つことの必要性を「衛生」の視野から指摘した。

そのため，彼は「衛生」と最も親密なるものとして「体操」[30]を掲げ，「運動は全身諸官能を壮盛させるものとして教課中必修の一目と為す」[31]とした。

以上のように，「衛生」の重要性を先進国から先駆的に学んだ彼は身体活動の重要性を「衛生」という視野から指摘し推奨したのである。

そのような彼は，「体育」が教育上如何なる位置にあるかについて，「唯智育・徳育と云う方にばかり傾いて行って，運動の不足をすると其為身体が弱くなって，所謂文弱と云うことに陥って仕舞う。そこで今日の教育は智育・徳育・体育の三つを適宜に配当して，身体の薄弱でないように力(つと)めて行くのである。」[32]と述べ，医学者として「体育」を極めて大切なる学科の一つとして進言している。

しかしながら，当時の「体操」に対する人々の考え方は医学者である彼を納得させるほどではなく，「平等に身体の各部を発育せしむるにありとし，骨格大きく筋肉太く逞しくなるを以て，体操術の結果なりとするは未だ着眼の度低きものなり」[33]と言わせるほどであった。

しかし，その一方で彼は積極的に海外から様々な情報をいち早く集めその研究や紹介を行い国民の健康改善のために努めている。彼によるそれらの新しい知見は自著等でも紹介されており，1884年に出版された『治療通論・中巻』ではスウェーデン体操を医学者としてわが国に初めて具体的に紹介していることにも見ることができる[34]。

以上のことから，「衛生」の重要性を先進国から先駆的に学んだ彼は体育・スポーツの重要性を「衛生」という視点からいち早く指摘し，さらに，その教育的価値の推奨にも努めている。

まとめ

わが国の近代医学の成立に尽力した医学者たちは当時の国民の健康あるいは衛生面への現状を憂いその改善に対し医学者としての立場からそれらの先頭になり国というレベルで学校全体を突き動かしていたといえよう。したがって，彼らは医学のみならず体育・スポーツの分野にも大きな関心を寄せ，当時の日本に欠けていたそれらの多くのことについていち早く指摘しその改善に努めていた。

侍医頭をつとめた東京帝国大学名誉教授・入澤達吉(1865—1938)は，1935年「欧州医学の日本渡来に就て」と題する講演において「特に医学者は啻に医学のみならず，一般の文明の輸入に関して，他の職業の何人よりも断然頭角を抽んでて，日本開発の先覚者として第一位に居つたことは，誰も之を否定するものは無いのであります。」[35]と述べ，あらためて当時の医学者たちの果たした役割を高く評している。

以上のことから，わが国の近代体育・スポーツの発展の背景には当時の医学者たちによる医学的合理主義に基づく冷静なる提言が直接・間接に影響を与えたと考えられ，それゆえ，こうした点からも彼らの功績はもう一度深められる必要があろう。

（頼住一昭）

註および主要引用文献

1）梅渓昇『お雇い外国人』講談社，2007年，p.237
2）田部隆次編『日本を観る』青山出版社，1942年，p.75
3）鈴木尚「小金井良精先生と Erwin von BAELZ 博士」『人類学雑誌』第82巻第1号，1974年，p.5
4）頼住一昭「近代日本のスポーツに影響を与えたベルツ」稲垣正浩・谷釜了正編『スポーツ史講義』大修館書店，1995年，p.204
5）頼住一昭「エルヴィン・ベルツの服装改革に関する一考察―婦女子の服装に対する提言を中心として―」『東海保健体育科学』第24巻，2002年，pp.21－27
6）東京大学所蔵「ベルツ解雇之節勲等ニ叙セラレ度稟請」
7）文部省『文部省處務概旨』文部省第11年報附録，1883年，p.19，920
8）高野佐三郎『剣道』復刻版，島津書房，1986年，pp.288－291
9）文部省，處務ノ部『文部省第12年報』1884年，p.5には，「十三日體操伝習所ヨリ剣術柔術ノ教育上利害適否ニ関スル申報ヲ領ス」とのみ記載されその詳細については一切明記されていない。また，その他文部省から出された関連文章にもその詳細は見当らない。
10）トク・ベルツ『ベルツの日記（上）』岩波書店，1992年，pp.122－125
11）若林操子『ベルツ日本再訪』東海大学出版会，2000年，pp.631－689
12）『教育時論』第416号，1896年，p.24
13）大道等・頼住一昭編『近代武道の系譜』杏林書院，2003年，pp.15－26，106－115，116－130。頼住一昭，「三宅秀の柔術に対する考え方に関する一考察―残された自筆稿を手がかりに―」『名古屋音楽大学研究紀要』第25号，2006年，pp.55－56など。
14）スクリバに関する資料は極めて少なく彼の武術に対する考え方については今後の課題である。
15）大道等・頼住一昭「武道医科学の系譜－明治期の実証主義を問う」『武道・スポーツ科学研究所年報』第3号，1998年，p.57
16）H.Hancock and H.Katsukuma, “DAS KANO JiU-JiTSU”, Julius Hoffmann，1906，pp.9－16.
17）福沢諭吉は自著『福翁自伝』の中で「東京大学は少年の健康屠殺場と命名して宜しい」とまで著している。（福沢諭吉『福翁自伝』岩波書店，1995年，pp.286－

287）
18）「朝日新聞」第19583号，1940年10月 6 日，p. 7
19）三浦謹之助『懐古』冬至書林，1944年，pp.51－52
20）ベルツ「日本人種改良論」『大日本私立衛生会雑誌』第43号，1886年，pp.19－20
21）「医事新聞」第89号，1883年 6 月25日，p. 9
22）「読売新聞」第4008号，1883年 5 月19日，p. 2
23）トク・ベルツ，前掲書10），p.351
24）石黒忠悳『懐旧九十年』岩波書店，1995年，p.282
25）雑誌名・発行年月日など不詳。
26）三宅秀『衛生長寿法』富山房，1929年，p.160
27）富士川游『三宅秀先生小傳』中外医事新報，第125号，1938年，p. 3
28）三宅秀『学校衛生講義』p. 1，非売品（出版社・発行年日など不詳）
29）三宅秀『家事衛生』p.113（57）（出版社・発行年月など不詳）
30）明治期において今日の「体育」に相当する教科名は「体操」であった。しかし，三宅の著書や講演用メモには，この「体操」を形式体操や軽体操など狭義の活動内容を表す場合にも用いている。したがって，本文中における「体操」は今日の教科としての「体育」として用いているのか，あるいは狭義のそれを意味するかは，文脈の中で判断しなければならない。
31）三宅秀，自筆原稿，年月日不詳，個人蔵
32）三宅秀，前掲書29），p.171（35）
33）三宅秀，前掲書28），p.47
34）頼住一昭「三宅秀の紹介によるリングの体操について」『平成 9 年度東海体育学会第45回大会抄録集』1997年，p. 9
35）入澤達吉先生生誕百年記念文集編集同人編『入澤達吉』蔦友印刷，1965年，p.200

執筆者プロフィール（掲載順）

〈氏名（ふりがな），①所属，②研究テーマ，③主要論文・著書〉

第1部　身体に立ち合う

井上邦子（いのうえ　くにこ）①神戸市外国語大学　非常勤講師
②モンゴル国を中心とした民族スポーツに関するスポーツ史・スポーツ人類学的研究
③『モンゴル国の伝統スポーツ』（叢文社，2005年）など。

竹谷和之（たけたに　かずゆき）①神戸市外国語大学　教授　②バスク民族スポーツ文化論，身体論　③『ジャック・マイヨールの遺産』（編著，叢文社，2007年），『教養としてのスポーツ人類学』（共著，大修館書店，2004年）など。

智原江美（ちはら　えみ）①京都光華女子大学短期大学部　准教授　②体育学・保育学。「保育者の身体性」，「幼児の身体活動を促す保育環境のあり方」を研究テーマとしている。

松浪　稔（まつなみ　みのる）①東海大学　准教授（博士　体育科学）②スポーツ史・スポーツ人類学・スポーツ文化論　③「日本におけるメディア・スポーツ・イベントの形成過程に関する研究」『スポーツ史研究』第20号，2006年など。

松本芳明（まつもと　よしあき）①大阪学院大学　教授　②体操競技史，身体論
③『現代生活とスポーツ文化』（共著，大修館書店，1997年），『近代スポーツの超克』（編著，叢文社，2001年）など。

三井悦子（みい　えつこ）①椙山女学園大学人間関係学部　教授　②医療体操史，身体論，健康文化論　③『からだ論への扉をひらく』（編著，叢文社，2006年），『正常と異状の身体－医療体操史研究ノート』（叢文社，2007年）など。

第2部　民俗に立ち合う

遠藤保子（えんどう　やすこ）①立命館大学　教授（社会学博士）②アフリカの舞踊に関する研究　③「ケニアの舞踊―ボーマス・オブ・ケニアを中心として―」日本スポーツ人類学会『スポーツ人類學研究』第7・8号，2007年など。

髙木勇夫（たかぎ　いさお）①名古屋工業大学大学院　教授　②フランス政治社会史，身体文化史　③『フランス身体史序説―宙を舞う〈からだ〉』（叢文社，2002年），『〈からだ〉の文明誌』（叢文社，2003年）など。

竹村匡弥（たけむら　まさや）①21世紀スポーツ文化研究所　②スポーツ文化の歴史民俗学的考察　③「『河童が相撲を取りたがる』という伝承に関する研究」『スポーツ史研究』第21号，2008年など。

林　郁子（はやし　いくこ）①同志社大学　非常勤講師　②身体論　③「体育は何を教える教科なのか」『大阪電気通信大学人間科学研究』第 7 号，2005年，『いま奏でよう，身体のシンフォニー』（共著，叢文社，2007年）など。

吉田文久（よしだ　のりひさ）①名古屋短期大学　教授　②民俗フットボール存続の今日的意義とスポーツの近代化　③『体育科教育学の探究』（共著，大修館書店，1997年），『教養としてのスポーツ人類学』（共著，大修館書店，2004年）。

第 3 部　歴史に立ち合う

榎本鐘司（えのもと　しょうじ）①南山大学　教授　②日本武道史　③「剣道における『掛声』の史的研究」『スポーツ史研究』第 4 号，1991年，「北信濃における無双直伝流の伝承について」『スポーツ史研究』第 7 号，1994年。

月嶋紘之（つきしま　ひろゆき）①神戸市外国語大学　非常勤講師　②スポーツ史。特にイギリスにおける「フーリガン」問題を研究対象とする。

中房敏朗（なかふさ　としろう）①仙台大学　准教授　②「民俗」「用具」「場所」「技術」などの視点からのイギリスや日本のスポーツに関する研究。

奈良重幸（なら　しげゆき）②スポーツの歴史・文化史　③『最新スポーツ大事典』（共著，大修館書店，1987年），『スポーツ史講義』（共著，大修館書店，1995年），『スポーツ科学事典』（共著，平凡社，2006年）など。

船井廣則（ふない　ひろのり）①名古屋経済大学短期大学部　教授　②スポーツ史，スポーツ人類学　③「「歴史」としての東独スポーツ」『スポーツ史研究』第18号，2005年。

松井良明（まつい　よしあき）①奈良工業高等専門学校　准教授（博士　体育科学）②スポーツ史　③『近代スポーツの誕生』（講談社現代新書，2000年），『ボクシングはなぜ合法化されたのか』（平凡社，2007年）など。

頼住一昭（よりずみ　かずあき）①同朋大学　非常勤講師　②日本近代スポーツの

導入過程について　③『スポーツ史講義』（共著，大修館書店，1995年），『世界大百科事典』（共著，日立デジタル平凡社，1998年），『近代武道の系譜』（編著，杏林書院，2003年）など。

あとがき

本書では「身体」,「民俗（族)」,「歴史」という大きな3つのくくりから身体文化・スポーツの諸現象を18名の執筆者が論じている。もちろん，個々の執筆者が関心を寄せるテーマは多様で，とうてい既成のジャンルやカテゴリーに収まるものではない。とはいうものの,「まえがき」でも述べたように，こうした多様なテーマに一貫して流れる通奏低音はおそらく読者諸氏の耳にも達しているのではなかろうか。近代（自然）科学偏重の視点から脱した，生き生きとした人間の活動としてのスポーツ現象を総体として捉えようとする私たち執筆者の強い意志を，読者諸氏に感じ取っていただくことができたとするならば幸いである。

ところで，執筆者の大部分は「21世紀スポーツ文化研究所」に参集し，スポーツの諸現象について意見を交わす仲間である。この研究所は2008年3月に日本体育大学を定年退職された稲垣正浩先生が主宰するもので，発足からこれまでの3年間，開催地を東京・大阪・名古屋と巡回しつつほぼ毎月研究報告会やシンポジウムを開催してきている。直接この研究所と関わりを持たない執筆者にしても，愛知教育大学をかわきりに大阪大学，奈良教育大学，日本体育大学と教鞭を取ってこられた稲垣正浩先生に何らかの形での薫陶を受けている。

その意味で本書は，一般の読者のみならず，学生諸君や若い研究者に新しいスポーツ学が目指す方向を示そうとするものであるとともに，めでたく古希を迎えられた稲垣正浩先生の日頃の学恩に報いようとするものでもある。

世紀の転換期を過ぎ，各方面においてパラダイム転換の必要性が語られている。私たちが対象とする分野も例外ではないだろう。本書がそうした時代の流れに一石を投じ得たとするなら，執筆者一同望外の喜びである。

最後に本書を出版するにあたって，黎明書房の武馬久仁裕社長と編集部の斉藤靖広次長にはひとかたならぬお世話になった。この場を借りてこころからお礼を申し上げたい。

稲垣正浩先生古希記念論集刊行委員会

編著者

船井廣則

松本芳明

三井悦子

竹谷和之

スポーツ学の冒険

2009年 3 月31日　初版発行

編著者　船井廣則
　　　　松本芳明
　　　　三井悦子
　　　　竹谷和之
発行者　武馬久仁裕
印　刷　藤原印刷株式会社
製　本　協栄製本工業株式会社

発行所　株式会社　黎明書房

〒460-0002　名古屋市中区丸の内3-6-27 EBS ビル　☎ 052-962-3045
振替・00880-1-59001　FAX 052-951-9065
〒101-0051　東京連絡所・千代田区神田神保町1-32-2
南部ビル302号　☎ 03-3268-3470

落丁・乱丁本はお取替します。　ISBN978-4-654-01821-5